Nordrhein-Westfälische Akademie der Wissenschaften

Geisteswissenschaften   Vorträge · G 338

Herausgegeben von der
Nordrhein-Westfälischen Akademie der Wissenschaften

HANS-JOACHIM KLIMKEIT

Manichäische Kunst an der Seidenstraße:
Alte und neue Funde

Westdeutscher Verlag

378. Sitzung am 23. November 1994 in Düsseldorf

Die Deutsche Bibliothek – CIP-Einheitsaufnahme

Klimkeit, Hans-Joachim:
Manichäische Kunst an der Seidenstraße: alte und neue Funde/
Hans-Joachim Klimkeit.– Opladen: Westd. Verl., 1996
  (Vorträge/Rheinisch-Westfälische Akademie der Wissenschaften:
  Geisteswissenschaften; G 338)

NE: Rheinisch-Westfälische Akademie der Wissenschaften
⟨Düsseldorf⟩: Vorträge / Geisteswissenschaften

Der Westdeutsche Verlag ist ein Unternehmen der Bertelsmann Fachinformation.

ISBN 978-3-531-07338-5   ISBN 978-3-322-88517-3 (eBook)
DOI 10.1007/978-3-322-88517-3

© 1996 by Westdeutscher Verlag GmbH Opladen
Herstellung: Westdeutscher Verlag

ISSN 0944–8810

Inhalt

Hans-Joachim Klimkeit, Bonn
Manichäische Kunst an der Seidenstraße: Alte und neue Funde   7

Diskussionsbeiträge
   Professor Dr. phil., Dr. phil. h. c. *Reinhold Merkelbach;* Professor Dr.
   phil. *Hans-Joachim Klimkeit;* Prof. Dr. phil., Dr. h. c. mult. *Albrecht*
   Dihle; Professor Dr. iur. utr. *Josef Isensee;* Dr. phil. *Wassilios Klein;*
   Professor Dr. theol. *Karl Kertelge;* Professor Dr. theol. *Martin*
   Honecker; Professor Dr. phil. *Klaus Sagaster*   59

Abkürzungen

AoF	Altorientalische Forschungen
APAW	Abhandlungen der Preußischen Akademie der Wissenschaften
AR	Arbeitsmaterialien zur Religionsgeschichte
ARWAW	Abhandlungen der Rheinisch-Westfälischen Akademie der Wissenschaften
BSOAS	Bulletin of the School of Oriental and African Studies
BT	Berliner Turfantexte
StOR	Studies in Oriental Religions
ZNW	Zeitschrift für die Neutestamentliche Wissenschaft
ZPE	Zeitschrift für Papyrologie und Epigraphik
ZRGG	Zeitschrift für Religions- und Geistesgeschichte

Die gnostische Weltreligion des Manichäismus wurde von Mani (216–276) begründet. Schon zu seinen Lebzeiten hat sie sich bis zum Nil einerseits und bis zum oberen Oxustal andererseits ausgebreitet. Mani, ein Adliger parthischer Abstammung, war in Mesopotamien in der judenchristlichen Täufersekte der Elchasaiten aufgewachsen, wie wir aus dem in Ägypten gefundenen *Kölner Mani-Kodex* wissen.[1] Mit vierundzwanzig Jahren verließ er diese Gruppe, um mit seiner eigenen synkretistischen Lehre hervorzutreten, die sich als Erfüllung und Überhöhung aller großen Religionen seiner Zeit verstand. Mani sah sich selbst als letzten in einer Kette von Propheten, die über alttestamentliche Heilsgestalten wie Henoch und Noah bis hin zu Jesus reichte. In diesen Kreis seiner Vorläufer wurden aber auch Zarathustra und Buddha einbezogen, deren Botschaften ebenso wie die Jesu im Laufe der Zeit verderbt und verdreht worden seien. Es war Manis Anliegen, den ursprünglichen Inhalt dieser Botschaften in seiner eigenen Verkündigung zu lehren. So sagt er im mittelpersischen Turfanfragment M 5794:

> „Die Religion, die ich erwählt habe, ist in zehnfacher Weise größer und besser als die Religion der Altvorderen. Erstens war die Religion der Altvorderen nur in einem Land und in einer Sprache verbreitet. Meine Religion jedoch ist derart, daß sie in allen Ländern und allen Sprachen manifest sein wird und daß sie (auch) in fernen Ländern gelehrt werden wird. Zweitens: Die älteren Religionen waren so lange in Ordnung, wie sie heilige [oder reine] Führer hatten. ... Aber als die Führer erhoben wurden [d. h. starben], gerieten ihre Religionen in Verwirrung, und sie [die Anhänger] wurden nachlässig im Beachten der Gebote und (im Tun) der (guten) Werke. ... Meine Religion jedoch wird kraft ihrer heiligen Schriften, (ihrer) Lehrer, Bischöfe, Auserwählten *[electi]* und Hörer *[auditores]* und aufgrund ihrer Weisheit und ihrer Taten bis zum Ende bestehen bleiben. Drittens: Jene Seelen der Früheren, die gute Werke in ihrer eigenen Religion nicht vollbrachten, wer-

---

[1] L. KOENEN/C. RÖMER, *Der Kölner Mani-Kodex,* Opladen 1988 (ARWAW, Sonderreihe Papyrologica Coloniensia, Bd. XIV).

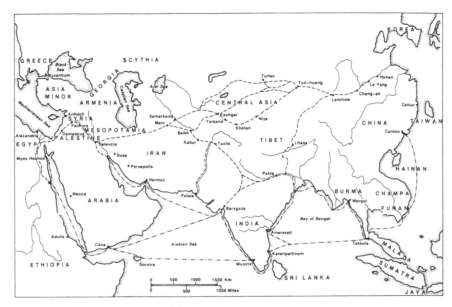

Karte 1a: Asien und die alten Handelsrouten.

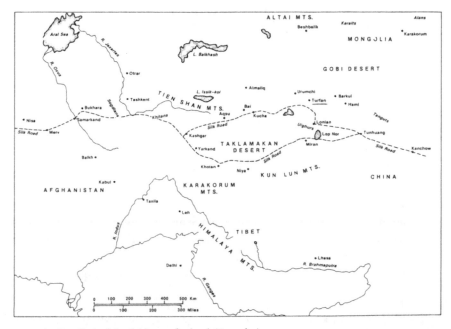

Karte 1b: Der Verlauf der Seidenstraße durch Zentralasien.

den zu meiner Religion kommen, und sie wird für sie zum Tor der Erlösung. Viertens: Die Offenbarung der zwei Prinzipien [d. h. Licht und Finsternis, Gut und Böse] und meine lebendigen Schriften, meine Wahrheit und mein Wissen sind umfassender und besser als die der früheren Religionen. Fünftens: Alle Schriften, alle Weisheit und alle Gleichnisse der früheren Religionen [sind] zu meiner Religion [hinzugefügt worden]."[2]

Der Anspruch, die erste umfassende, alle früheren Religionen überbietende Offenbarung zu lehren, ging mit einer regen Missionstätigkeit einher, die Mani zunächst auf dem Boden des iranisch-sasanidischen Reiches entfaltete, obwohl ihn eine Missionsreise auch nach „Indien", d. h. ins Industal und ins benachbarte Gebiet von Turan im heutigen Beluchistan, führte, wo er den Herrscher von Turan bekehrt haben soll. Zugleich sandte er Glaubensboten ins „Römerreich" im Westen, d. h. nach Syrien, Palästina und Ägypten, und bis in das Kushanreich (im heutigen Afghanistan) im Osten. HANS JONAS sagte in seinem englischen Werk *The Gnostic Religion:*

„Mani's is the only gnostic system which became a broad historical force, and the religion based on it must in spite of its eventual downfall be ranked among the major religions of mankind. Mani indeed, alone among the gnostic system-builders, *intended* to found, not a select group of initiates, but a new universal religion; and so his doctrine, unlike the teaching of all other Gnostics with the exception of Marcion, has nothing esoteric about it. ... Mani's work was ... to supply a new revelation ..., a new body of Scripture, and lay the foundation for a new church that was meant to supersede any existing one and to be as ecumenical as ever the Catholic Church conceived itself to be."[3]

In der Tat dehnte sich der Manichäismus, der als *die* christliche Häresie betrachtet werden sollte, von einem Zentrum, das er sich in Ägypten schuf, bis nach Nordafrika aus, wo er keinen geringeren als den späteren Kirchenvater Augustin etwa neun Jahre lang in seinen Bann zog. Die antimanichäischen Schriften Augustins wie auch anderer lateinischer und griechischer Kirchenväter waren lange unsere einzigen Quellen über diese Rivalin der christlichen

---

[2] Text in M. BOYCE, *A Reader in Manichaean Middle Persian and Parthian*, Leiden – Liège 1975 (Acta Iranica 9), Text a, S. 29f. Man vergleiche hierzu eine Stelle im *Kölner Mani-Kodex* (S. 104, Z. 21ff.), die nach einer neuen Bearbeitung von C. RÖMER so zu übersetzen ist: „denn [von dir] wird [diese] Hoffnung in allen Zonen und Gegenden [der Welt] erklärt und verkündet werden. [Und] sehr viele [werden sein], die dein Wort aufnehmen". C. RÖMER, „Zwei neue Lesungen im Kölner Mani-Kodex", in: *ZPE* 87 (1991), S. 296.

[3] H. JONAS, *The Gnostic Religion. The Message of the Alien God and the Beginnings of Christianity*, 2nd ed., Boston 1963, S. 206.

10   Hans-Joachim Klimkeit

Kirche, die praktisch am Ende des 6. Jahrhunderts aus dem Römischen Reich vertrieben wurde.[4] Bis auf einige Fragmente auf Lateinisch, die in einer Höhle in Tebessa in Algerien entdeckt wurden und die jüngst R. MERKELBACH ediert hat,[5] sind uns keine anderen Texte oder Bilder aus dem griechischen oder lateinischen Bereich erhalten geblieben, wenn wir von dem schon genannten griechischen *Kölner Mani-Kodex* absehen, der in Ägypten gefunden wurde. Die Angaben der Kirchenväter reichten jedoch für eine monographische Rekonstruktion der Religion aus, die F. C. BAUR 1831 unter dem Titel *Das manichäische Religionssystem, nach den Quellen neu untersucht und entwickelt* vorlegte. Erst die Erschließung der arabischen Quellen zum Manichäismus durch G. FLÜGEL und K. KESSLER[6] und ihre spätere systematische Auswertung durch C. COLPE[7] stellten das Studium des Manichäismus auf eine breitere Grundlage.

Zwischen den Jahren 1902 und 1914 haben deutsche archäologische Expeditionen in Zentralasien, sonderlich in der Turfan-Oase am nördlichen Rand der Taklamakan-Wüste, eine Fülle von Texten und eine Reihe von Wandbildern und Miniaturmalereien geborgen, die eindrucksvolle Zeugnisse des literarischen und künstlerischen Schaffens der Manichäer darstellen. Die Expeditionen, die unter dem Namen „Königlich Preußische Turfan-Expeditionen" bekannt wurden und die vom Völkerkunde-Museum in Berlin ausgingen, bargen ferner eine Menge von buddhistischen, christlichen und säkularen Dokumenten, die in siebzehn verschiedenen Sprachen und in vierundzwanzig Schriftarten abgefaßt sind. Heute, über achtzig Jahre nach deren Auffindung, liegt noch längst nicht all dieses Material ediert und übersetzt vor. Die sog. „Turfan-Forschung", die sich um die Erschließung dieser Quellen bemüht, hat

---

[4] Die antimanichäischen Werke von Augustin sind zusammengefaßt bei R. STOTHERT/A. H. NEWMAN (transl.), „Writings in Connection with the Manichaean Controversy", in: P. SCHAFF (ed.), *A Select Library of the Nicene and Post-Nicene Fathers of the Christian Church, vol. IV, St. Augustin, The Writings against the Manichaeans and against the Donatists*, Repr. Edinburgh – Grand Rapids 1989, S. 3–365. Vgl. dazu R. MERKELBACH, „Zum Text der antimanichäischen Schriften Augustins", in: A. VAN TONGERLOO/S. GIVERSEN (eds.), *Manichaica Selecta* [Festschrift J. RIES], Leuven 1991 (Manichaean Studies I), S. 233–241. Zu Augustin und dem Manichäismus s. S. N. C. LIEU, *Manichaeism in the Later Roman Empire and Medieval China. A Historical Survey*, 2. Aufl., Tübingen 1992, Kap. V. Zur kirchlichen Kritik am Manichäismus s. A. BÖHLIG, *Gnosis III: Der Manichäismus*, Zürich – München 1980, S. 6ff.; W. KLEIN, *Die Argumentation in den griechisch-christlichen Antimanichaica*, Wiesbaden 1991 (StOR 19), passim.

[5] R. MERKELBACH, „Der manichäische Codex von Tebessa", in: P. BRYDER (ed.), *Manichaean Studies. Proceedings of the First International Conference on Manichaeism, Aug. 5–9, 1987*, Lund 1988 (Lund Studies in African and Asian Religions, vol. 1), S. 229–264.

[6] G. FLÜGEL, *Mani, seine Lehre und seine Schriften*, Leipzig 1862; K. KESSLER, *Mani. Forschungen über die manichäische Religion*, Bd. 1, Berlin 1889.

[7] C. COLPE, *Der Manichäismus in der arabischen Überlieferung*, Phil. Diss., Göttingen 1954.

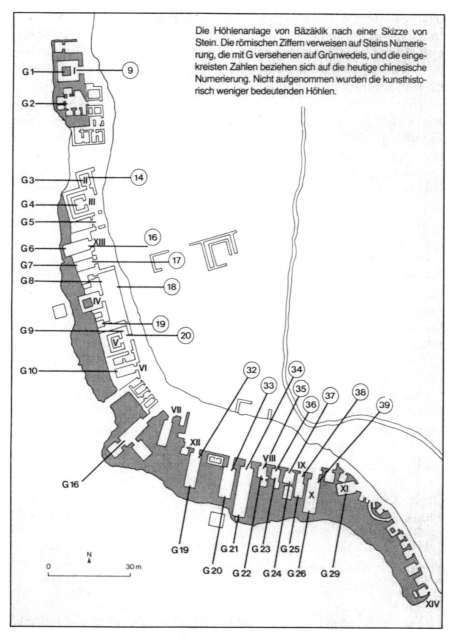

Karte 2: Die Höhlenanlagen von Bäzäklik in der Turfan-Oase.
   Aus: H.-J. KLIMKEIT, *Die Seidenstraße*, 2. Aufl., Köln 1990, S. 39.

freilich bisher eine Vielzahl von manichäischen Texten in mittelpersischer, parthischer, sogdischer und uigurischer (alttürkischer) Sprache in Übersetzung zugänglich gemacht,[8] und diese bieten zusammen mit den in den dreißiger Jahren in Ägypten entdeckten koptischen Manichaica eine gute Voraussetzung für die Deutung der uns erhaltenen manichäischen Kunstwerke. Einige Wandbilder haben wir in Nachzeichnungen ALBERT GRÜNWEDELS. Es war vor allem ALBERT VON LE COQ zu verdanken, neben GRÜNWEDEL einer der Leiter jener Expeditionen, daß nicht nur Texte nach Berlin gebracht, sondern auch Wandmalereien in den Höhlenklöstern abgelöst und nach Deutschland transportiert wurden. Der größte Teil davon besteht freilich aus buddhistischen Werken, aber auch einige manichäische Wandmalereien finden sich noch heute – trotz Zerstörungen im 2. Weltkrieg – im Museum für Indische Kunst in Berlin. Es ist anzumerken, daß bei dem jahrhundertelangen Zusammenleben von Manichäern und Buddhisten neben einer manichäischen Kunst auch eine buddhistisch-manichäische Mischkunst entstanden ist, wie sie vor allem im Ort Toyuq bei Turfan sichtbar wird. Die Grenzen zwischen buddhistischer und manichäischer Kunst sind nicht immer klar erkennbar, zumal an einem klösterlichen Ort wie dem genannten – wie auch in der Reichshauptstadt Kočo – Vertreter beider Religionen eng zusammenwohnten und die Manichäer in Literatur und Kunst buddhistische Elemente übernommen haben.

Seit der Zeit jener frühen deutschen Expeditionen sind vor allem in den letzten Jahrzehnten von chinesischen Archäologen ein Reihe weiterer Text- und Bildfunde gemacht worden, wobei die Wandmalereien leider vielfach in einem schlechten Erhaltungszustand sind. Einige von diesen sollen hier vorgestellt werden. Dem Pekinger Archäologen HUASHAN CHAO ist dafür zu danken, daß er Bilder dieser Funde zugänglich gemacht hat, von denen hier freilich nur Nachzeichnungen publiziert werden können. Eine von der DFG geförderte religionsgeschichtliche Delegation, die im Herbst 1993 nach Turfan reisen durfte und der der Verfasser angehörte, konnte etliche Bildwerke und Texte in Augenschein nehmen, sonderlich an den Orten Bäzäklik, Sängim und Toyuq sowie im Turfaner Ortsmuseum. Man muß allerdings feststellen, daß noch viel archäologische Arbeit zu tun ist und daß uns künftige Jahre sicherlich weitere Neufunde bescheren werden (Abb. 1–6).

Die Voraussetzung für das Blühen einer manichäischen Literatur und Kunst in der Turfan-Oase war die Tatsache, daß sich hier nach 840 uigurische Türken aus der mongolischen Steppe ansiedelten und ein kleines türkisches Reich etablierten, dessen Herrscher bis zum 11. Jahrhundert teilweise Manichäer waren.

---

[8] Zu den ersten Erforschern der Turfantexte gehörten F. W. K. MÜLLER, F. C. ANDREAS, W. B. HENNING, W. LENTZ, W. BANG und A. VON GABAIN.

Die Uiguren, die ein großes Reich in der mongolischen Steppe aufgebaut hatten, das von 744 bis 840 existierte, hatten unter ihrem Herrscher Bögü Khan (chin. Mou-yü) im Jahr 763 den Manichäismus, den sie bei den ostiranischen Sogdiern und in China kennengelernt hatten, zur Staatsreligion erhoben. Nach Zerstörung ihres Reiches durch die Kirgizen, ebenfalls ein Türkvolk, wanderten sie in die Zentren der nördlichen Seidenstraße. In Turfan etablierten sie das uigurische Königreich von Kočo, das etwa von 850 bis 1250 bestand, als sich die Kočo-Uiguren den Mongolen unterwarfen. Hier haben nicht nur das Königshaus, sondern auch wohlhabende Stifter die manichäische Kirche gefördert. Es entwickelte sich geradezu eine Lehre von zwei Ordnungen, wobei die Religion als die Innenseite, das politische Leben als die Außenseite eines Lebensganzen erschienen. Eine Standardformel, die auch von den Buddhisten übernommen wurde, lautet: „Innen die Religion *(nom)*, außen das Reich *(il)*."[9] Damit waren die politischen und wirtschaftlichen Voraussetzungen für das Blühen einer manichäischen Gemeinde von *homines religiosi* gegeben, die sich als die „Auserwählten", die *Electi,* verstanden. Diese residierten vornehmlich in Klöstern, die entweder Freibauten oder Höhlenklöster waren, und sie wurden unterstützt von den Hörern, den *Auditores,* den Laienanhängern der manichäischen Kirche, an deren Spitze der König selbst stand, dessen Titulatur auf sein religiöses Selbstverständnis Licht wirft. Bei wechselnden Titeln bleibt doch als eine wesentliche Grundvorstellung, daß der König sein Charisma *(qut* oder *ülüg)* vom Sonnen- und Mondgott erhalten habe (oder von einem dieser beiden), wobei der Sonnengott den manichäischen Mithra darstellt, der Mondgott aber den manichäischen Lichtboten Jesus.

Ohne hier die komplexe manichäische Lehre in aller Ausführlichkeit darlegen zu können, sei darauf verwiesen, daß sich der Manichäismus als die Religion der „zwei Prinzipien" und der „drei Zeiten" verstand. Die zwei Prinzipien, die die Existenz des Kosmos und des Menschen bestimmen, sind Licht und Finsternis, Gut und Böse. Ursprünglich war das Reich des Lichts, in dem der Lichtvater mit seinen Äonen und Himmelswesen residiert, gänzlich vom Reich der Finsternis, das zugleich das Reich der Materie *(Hyle)* ist, getrennt. Während im Lichtreich Ruhe, Freude und Harmonie herrschten, war das Finsternisreich von Aufruhr, Streit und Gier bestimmt. Die anfängliche Trennung beider Reiche wird aber abgelöst von einer Zeit, in der es zur Vermischung von Licht und Finsternis kommt. Diese Vermischung kennzeichnet auch unsere menschliche Existenz. Ein neugefundenes Wandbild aus Toyuq (Abb. 7) bringt diesen Sachverhalt anschaulich zum Ausdruck. Es zeigt einen Meditierenden vor dem Bild eines Menschen, der aus einem lichten und einem

---

[9] Vergleiche zu dieser Formel P. ZIEME, *Manichäisch-türkische Texte*, Berlin 1975 (BT V), S. 54f.

dunklen Teil zusammengesetzt ist. Nach manichäischer Lehre ist eine endgültige Erlösung aus diesem Zustand der Vermischung erst am Ende der Zeiten, im neuen Äon, möglich, auch wenn der Fromme ständig danach zu streben hat, daß die Lichtgötter, allen voran der Große Nous, in ihm Wohnung nehmen und die Mächte der Finsternis aus ihm vertreiben.

Die Aussage über den Menschen und seine existentielle Situation steht in Korrelation zur Aussage über den Kosmos, dessen Zusammensetzung und Geschick das Los des Menschen spiegeln. Die manichäische Kosmologie erklärt durch einen komplexen Mythos, wie es zur Vermischung der beiden substanzhaft gedachten Prinzipien kam. Das Reich der Finsternis begehrt, in das Reich des Lichts einzufallen. Als Präventivschlag entsendet der Vater des Lichts den Gott „Urmensch" in den Kampf, begleitet von fünf lichten Mächten, die sich als seine Rüstungen, aber auch als seine Söhne darstellen. Der Urmensch wird jedoch von den Mächten der Finsternis überwältigt, und er liegt nun unbewußt, d. h. ohne Wissen um seine göttliche Herkunft, in der Tiefe. Erst ein Ruf aus dem Jenseits vermag ihn zu wecken und die Voraussetzung für seine Erlösung, d. h. für seine Heimkehr ins Lichtreich, zu schaffen. Für den Manichäer stellt jede Predigt einen solchen Weckruf dar, der die Seele an ihre ursprüngliche Heimat erinnert und eine korrespondierende, Erlösung ermöglichende Antwort des Menschen auslösen will. Jeder in der Reihe der göttlichen Boten bis hin zu Mani und einschließlich der Gestalt des Gnosis-Bringers Jesus ist Träger eines solchen Rufes.

Der göttliche Urmensch wird zwar erlöst, aber er muß seine fünf „Söhne" in der Gefangenschaft der Finsternismächte zurücklassen. Sie stellen kosmologisch die fünf „Glieder" dar, die das in der Materie gefangene Licht (oder die Lichtseele) konstituieren und die die Mächte der Finsternis in einen irdischen Körper bannen werden. Sie werden mit den Termini „Nous", „Denken", „Einsicht", „Gedanke" und „Überlegung" bezeichnet. In ihrer Gesamtheit bilden sie also anthropologisch betrachtet jenes göttliche *Pneuma*, das dem Körper (σῶμα) wie auch der *Psyche* als Summe psychischer Kräfte gegenübersteht.

Um die noch gefangenen Lichtelemente zu erlösen, werden in einem weiteren kosmologischen Akt Gottheiten entsandt, an deren Spitze der sog. „Lebendige Geist" steht und die die Dämonen, die sich das gefangene Licht einverleibt haben, überwinden und daraus den Kosmos schaffen. Im Gegenzug setzt nun die Gier (mp. *āz*), eine der führenden Finsternismächte, die aus fünf Gliedern bestehende göttliche Seele so gefangen, daß sie in einen Körper gebannt wird. So entsteht das erste menschliche Paar Adam und Eva, das durch Zeugung und Hervorbringung von Kindern das Leid der gefangenen göttlichen Seele perpetuiert.

In einem dritten kosmologischen Akt werden Erlösergottheiten ausgesandt, um der gefangenen Seele die Botschaft von ihrem göttlichen Ursprung zu bringen. In vorderster Front steht hierbei der Lichtbote Jesus, der sich vom irdischen Jesus von Nazareth insofern unterscheidet, als er eine übergeschichtliche, ja überweltliche Gestalt ist, die sich nur zum Schein in einen menschlichen Körper hüllt und auch nur scheinbar stirbt. Dennoch bleibt der historische Jesus, von dem die kanonischen ebenso wie die apokryphen Evangelien berichten, eine wichtige Figur im manichäischen System, denn sein Leiden veranschaulicht das Leiden einer jeden im Körper gefangenen Seele. Erlangt diese die erlösende Gnosis, die ihr der Lichtbote Jesus immer neu vermittelt, so hat sie die Möglichkeit, nach dem Tode wieder ins Lichtreich einzugehen. Solche erlösende Gnosis ist freilich letztlich nur jenen zugänglich, die sich in den Mönchsstand begeben und einem Leben des Heilsstrebens widmen, was wiederholtes Beichten in sich schließt. Aber sowohl der westliche wie der östliche Manichäismus kennen auch die Gestalt des „vollkommenen Hörers", des Laien also, der durch seine guten Werke Vollkommenheit erlangt und den *Electi* praktisch gleichgestellt ist, obwohl er im weltlichen Leben verbleibt (Abb. 8, 9).

Am Ende der Welt, wenn so viele Lichtelemente aus der Welt erlöst sind, daß die Mächte der Finsternis überhandnehmen, treten apokalyptische Verhältnisse ein. Nach einem großen Krieg kehrt Jesus – in Anlehnung an Mt 24 und 25 – auf die Erde zurück, um ein Weltgericht abzuhalten, in dessen Gefolge es zu einer endgültigen Scheidung der Guten und Bösen kommt. Die Welt des Materiellen und Finsteren bleibt sich selbst überlassen, während das Lichtreich wieder wie zu Anfang vom Reich der Finsternis getrennt ist.

Diese hier nur in groben Zügen dargelegte Lehre von den drei Zeiten, der Zeit der ursprünglichen Trennung von Licht und Finsternis, der Zeit ihrer Vermischung und der Zeit ihrer abermaligen Scheidung, hat in dem Bild der zwei Bäume, dem Baum des Lebens und dem Baum des Todes, ihren Ausdruck gefunden. Die Stellen in der manichäischen Literatur, die darauf anspielen und die VICTORIA ARNOLD-DÖBEN systematisch zusammengestellt hat, zeigen, daß besonders die komplexe und vielgestaltige Baumsymbolik einerseits kosmologisch und andererseits anthropologisch interpretiert werden kann.[10] Kosmologisch stellen die beiden Bäume die beiden Reiche oder „Prinzipien" dar, anthropologisch kann der fruchttragende Baum des Lebens den Gerechten kennzeichnen, während der verdorrte Baum des Todes den Gottlosen symbolisiert, der die Mächte der Finsternis in sich hat zur Vorherrschaft kommen las-

---

[10] Vgl. V. ARNOLD-DÖBEN, *Die Bildersprache des Manichäismus*, Köln 1978 (AR 3), S. 7–44.

sen. Sie sind überhaupt ein Sinnbild für ein je entsprechendes Leben. Beide Aspekte werden vielleicht in der künstlerischen Ausgestaltung von manichäischen Höhlen in Bäzäklik, Sängim und Toyuq veranschaulicht. In einer der Meditationshöhlen von Bäzäklik (Abb. 10) sehen wir die Stämme zweier Bäume, einen dunklen (vielleicht ursprünglich roten und dann nachgedunkelten) und einen grünen Stamm, emporwachsen und sich ineinander verwinden. Der obere Teil des Bildes ist leider nicht erhalten. Freilich kann dies auch andere Dualitäten versinnbildlichen.

Ein ähnliches Motiv findet sich in einer Höhle von Sängim, wo nur der obere Teil eines Bildes von den zwei Bäumen erhalten ist, die durch die Färbung ihrer Stämme vielleicht als Lebens- und Todesbaum gekennzeichnet sind, wenn sie nicht auf eine andere Dualität verweisen (Abb. 11). Der weißstämmige Lebensbaum trägt Blüten und Früchte, während sich der dunkelstämmige (vielleicht auch ursprünglich rotstämmige) Baum als eine Art Trauerweide darstellt. Deutlich ist hier die Trennung beider Bäume, deren Stämme aus der nur noch teilweise erhaltenen Verquickung separat hervorgehen. Wir fühlen uns hier an *Kephalaia* 23,1 ff. erinnert, wo tatsächlich von der Trennung der beiden Bäume die Rede ist, die „nicht auseinander entstammt sind" und „nicht aus Einem hervorgekommen" sind. Auf den Seitenwänden derselben Höhle, von der wir eine Aufnahme von OLDENBURG aus dem Jahre 1910 haben (Abb. 12) und die, da sie von Nomaden bewohnt war, stark verrußt ist (Abb. 13), sind vielleicht Bäume des Lebens und des Todes dargestellt, wenn die dürren Äste nicht unvollständige Bilder sind (Abb. 14, 15). Eine komplexe anthropologische Ausdeutung solcher Bäume ist in einem chinesisch-manichäischen Text aus Tun-huang erhalten, dem sog. *Traktat Pelliot*.[11] Es ist dies die erweiterte chinesische Übersetzung eines parthischen Originals, des *Sermons vom Licht-Nous*, der aus Turfan auf uns gekommen ist und den W. SUNDERMANN ediert hat.[12] In der vielgliedrigen literarischen Ausdeutung werden Wurzeln, Stamm, Äste, Blätter und Früchte usw. mit gewissen Tugenden (bzw. im Falle des Todesbaumes mit gewissen Lastern) in Verbindung gebracht.

Der Baum als Symbol der Rechtschaffenheit und des Lebens kann auch im Rahmen gewisser Reihen erscheinen, die Serien von Tugenden oder göttlichen

---

[11] Deutsche Übersetzung in H. SCHMIDT-GLINTZER, *Chinesische Manichaica*, Wiesbaden 1987 (StOR 14), S. 94–101 („Die zwölf kostbaren Bäume der zwölf Lichtkönige"). Unsere Deutung ist freilich hypothetisch. Prof. W. SUNDERMANN, Berlin, hat mir freundlicherweise seinen unveröffentlichten Vortrag über diesen Gegenstand zugesandt. Er sieht in den beiden Bäumen, die er beide als Lebensbäume kennzeichnen möchte, die Dualität von Religion und Staat (bzw. Reich), worauf wir oben verwiesen haben. Er sieht das Umfeld, in dem die Bäume stehen, als Garten und verweist dabei auf das Gartenmotiv im Manichäismus (s. dazu Anm. 26).
[12] W. SUNDERMANN, *Der Sermon vom Licht-Nous*, Berlin 1992 (BT XVII).

Qualitäten zum Ausdruck bringen, wie VICTORIA ARNOLD-DÖBEN gezeigt hat.[13] An verschiedenen Stellen wie hier (Abb. 17) in Toyuq erscheinen nun tatsächlich Reihen von grünen Bäumen auf der Stirnseite von Kult- oder Meditationshöhlen, die insgesamt vielleicht als Sinnbild des Reichs des Lichts und Lebens, im einzelnen aber metaphorisch als Veranschaulichung von religiösen Grundwerten anzusprechen sind. In den Quadraten, in denen die Bäume erscheinen, finden wir auch zwei Büsche und sitzende Gestalten, alle umgeben von Wasser (bzw. von Kanälen?), auf dem Enten schwimmen. Wie W. SUNDERMANN meint, mag vielleicht ein Kultbild des vergöttlichten Mani vor diesen Stirnwänden gestanden haben, die vielleicht die Gerechten im Paradies darstellten. Leider ist der Erhaltungszustand so schlecht, daß eine genaue Identifizierung der Reihenzahlen und damit ihre inhaltliche Bestimmung kaum noch möglich ist. Man denkt jedenfalls, wie SUNDERMANN vorschlägt, an die Symbolik des Paradiesgartens, der mit dem Lichtreich identifiziert wird.

Ein bemerkenswertes Motiv, auf das wir in Bäzäklik stoßen, ist der dreistämmige Baum. Er ist uns auf einem alten Photo von S. G. OLDENBURG aus dem Jahr 1910 erhalten, in einer Nachzeichnung von GRÜNWEDEL einige Jahre danach und in seiner heutigen, leider stark in Mitleidenschaft gezogenen Gestalt (Abb. 18, 19, 20). Die Interpreten waren sich bisher einig, daß es sich hier um eine symbolische Darstellung des Lichtreichs handelt.[14] Der Baum ist mit Blüten und Früchten behangen, und Gruppen von Verehrenden beten ihn an. Die Dreistämmigkeit könnte sich daraus erklären, daß sich nach dem manichäischen *Buch der Giganten* das Reich des Lichts in drei Richtungen ausbreitet. Severus von Antiochien (Patriarch 512–518) sagt unter Hinweis auf jenes nur noch fragmentarisch erhaltene *Buch der Giganten*:

> „Das Gute – das sie [die Manichäer] auch als ‚Licht‘ und ‚Baum des Lebens‘ bezeichnen – hat die Gegenden gegen Osten, Westen und Norden inne; diejenigen des Südens und des Mittäglichen dagegen der Baum des Todes. … Solchergestalt besteht der Baum des Lebens, der dort geschmückt ist mit all seinen Schönheiten und mit seiner prächtigen Zierde."[15]

---

[13] V. ARNOLD-DÖBEN, *op. cit.*, S. 30: „Der Baum in Verbindung mit dogmatischen Reihen". Vgl. auch *dies.*, „Die Symbolik des Baumes im Manichäismus", in: *Symbolon. Jahrbuch für Symbolforschung*, N. F., Bd. 5 (1980), S. 9–29.

[14] V. ARNOLD-DÖBEN, *op. cit.* [Anm. 10], S. 38f.; H.-J. KLIMKEIT, „Der dreistämmige Baum. Bemerkungen zur manichäischen Kunst und Symbolik", in: *Kulturwissenschaften*. Festgabe für WILHELM PERPEET zum 65. Geburtstag, Bonn 1980, S. 245–262; J. C. REEVES, *Jewish Lore in Manichaean Cosmogony. Studies in the Book of the Giants Tradition*, Cincinnati 1992, S. 91f.

[15] A. ADAM, *Texte zum Manichäismus*, 2. Aufl., Berlin 1969 (Kleine Texte für Vorlesungen und Übungen 175), S. 11f.

Dem Baum des Lebens steht der Baum des Todes gegenüber, von dem Severus sagt:

„[Er] hat kein Leben in seiner Wesenheit und hat an keinem seiner Zweige Früchte des Gutseins. Und er existiert beständig in der südlichen Richtung."[16]

Angemerkt sei allerdings, daß Manis *Buch der Giganten*, das er nach einer aramäischen Vorlage verfaßte, auf jenem jüdischen *Buch der Giganten* in der Henochliteratur beruht, von dem Reste aus Höhle 4 in Qumran auf uns gekommen sind. J. T. MILIK, der dieses Material bearbeitet und mit entsprechenden Fragmenten aus Turfan verglichen hat, weist darauf hin, daß uns das Motiv des dreistämmigen Baumes in der jüdischen Henochliteratur begegnet und Noah mit seinen drei Söhnen repräsentiert, die die Sintflut überlebten und damit zu einem Symbol des Lebens wurden.[17] Vielleicht ist die Dreistämmigkeit auch ein Nachklang dieses alten jüdischen Motivs, das Mani in der judenchristlichen Sekte der Elchasaiten kennengelernt haben mag, in der er aufwuchs. Diese These ist jüngst von J. C. REEVES aufgrund weiterer jüdischer Materialien verteidigt worden.[18]

Angemerkt sei ferner, daß in der reichhaltigen manichäischen Baumsymbolik, die uns in der östlichen wie in der westlichen Literatur begegnet, Jesus, Mani und andere Heilsgestalten als Lebensbäume apostrophiert werden können.[19] Schließlich spielt auch der „Baum der Erkenntnis" (von Gut und Böse) in der manichäischen Literatur eine wichtige, positive Rolle. Er begegnet in koptischen wie auch in zentralasiatischen Texten. Im Uigurischen (Alttürkischen) ist die Rede vom „Weisheitsbaum" *(bilgä ïɣač)*. Dieser Ausdruck legt geradezu einen Anklang an das buddhistische Motiv vom Baum der Erleuchtung nahe, dem Baum also, unter dem Buddha seine Erkenntnis gewann. Vom „Weisheitsbaum" heißt es in einem bruchstückhaft erhaltenen uigurischen Text:

---

[16] A. ADAM, *op. cit.*, S. 12.

[17] J. T. MILIK, *The Books of Enoch. Aramaic Fragments of Qumrân Cave 4*, Oxford 1976, S. 309.

[18] J. C. REEVES, *op. cit.*, S. 99ff. Auch diese unsere Deutung ist freilich hypothetisch. W. SUNDERMANN schlägt in dem erwähnten, unveröffentlichten Aufsatz unter Verweis auf das chinesische „Kompendium der Lehre Manis" (Art. 5, § 3) vor, im dreistämmigen oder dreiästigen Baum ein „Symbol der drei Funktionen (nicht der fünf Ränge) der manichäischen Kirche, sakramental, lehrend, dienend" zu sehen, wobei er auf die mittelpersischen Begriffe für die Träger dieser Funktionen verweist: *afrīnsar, xrohxwan* und *rwanagan-ispasag*.

[19] V. ARNOLD-DÖBEN, *op. cit.*, S. 9 und 20ff.

„Die Rinde des vortrefflichen Weisheitsbaumes (ist) Wachsam sein (und) Verstand, Weisheit (und) die Sorge um die Befreiung der Kraft der fünf Götter [d. h. praktisch der fünf Seelenglieder]."[20]

Der chinesische *Traktat* berichtet (ebenso wie der *Sermon vom Licht-Nous*), wie jedes der fünf Seelenglieder zu einem guten Baum oder, in Anlehnung an buddhistische Begrifflichkeit, zu einem „Edelsteinbaum" werden kann. Vom zweiten Seelenglied, dem guten „Denken", heißt es z. B. im *Traktat*:

„Die Wurzel dieses Baumes ist die Aufrichtigkeit; sein Stamm ist der Glaube, seine Äste sind die Furcht, seine Blätter die Wachsamkeit; seine Früchte sind ernsthaftes Lernen; sein Geschmack ist die Lektüre und Rezitation (der heiligen Texte); seine Farbe ist Friede und Freude."[21]

Hier erscheint der Baum geradezu als Sinnbild psychischer Eigenschaften, die letztlich in den Mächten des Lichtreichs selbst vorgebildet sind.

Die Dualität von Lebensbaum und Todesbaum, die die ganze manichäische Bildersprache durchzieht, ist offenbar auch das Thema eines bisher ungedeuteten Bildes aus Toyuq (Abb. 25), das die beiden Baumtypen deutlich einander gegenüberstellt. Schließlich spielt die Meditation über den guten, fruchttragenden Baum eine Rolle in der Kunst, wie in dieser Meditationshöhle in Toyuq.

Freilich ist es nicht ausgeschlossen, daß die beiden Bäume, deren Stämme vielleicht ursprünglich rot und grün waren, eine ganz andere Dualität kennzeichnen, wie W. SUNDERMANN vorschlägt, nämlich die Dualität von Religion und Staat, von der wir oben gesprochen haben.

Im weiteren Sinne mit dem Baummotiv verbunden ist das allerdings ursprünglich biblische Motiv des Weinstocks, das uns z. B. in einer Meditationshöhle in Sängim begegnet (Abb. 21, 22).[22] VICTORIA ARNOLD-DÖBEN, die die literarischen Stellen zum Weinstock-Motiv zusammengestellt hat, stellt fest:

„Auffällig bei der Durchsicht der Textstellen ist, daß dieses Motiv fast ausschließlich in Verbindung mit der manichäischen Kirche erscheint. Die Kirche wird in der Bildersprache zu einem Weinberg oder Weinstock, welcher einer Person zur Aufsicht untersteht. Wie die Kirche ihren Führer oder Vorsteher, ihren Archegos, hat, so wird der Weinberg oder Weinstock von einem Gärtner oder Pfleger versorgt."[23]

---

[20] A. VON LE COQ, *Türkische Manichaica aus Chotscho: Manichaica III*, Berlin 1922 (APAW 1922, Nr. 2), S. 31.
[21] H. SCHMIDT-GLINTZER, *op. cit.*, S. 90.
[22] Vgl. Mt 21,33–41; Mk 12,1–9; Lk 20,9–16; Joh 15,1–5.
[23] V. ARNOLD-DÖBEN, *op. cit.*, S. 41.

20 Hans-Joachim Klimkeit

Freilich kann auch der Fromme als Glied der Kirche sich als Weinrebe sehen. So heißt es in der chinesischen *Hymnenrolle* aus Tun-huang (V. 68):

„Auch bin ich, o Großer Heiliger [d. h. Jesus], eine Weinrebe,
Ursprünglich gepflanzt in den Garten des Gesetzes, den reinen Park,
Plötzlich von Schlingpflanzen stranguliert und von Lianen umwunden,
Die mir meine wunderbare Kraft entziehen und mich verdorren und
verkümmern lassen."[24]

Zu diesem Passus sagt VICTORIA ARNOLD-DÖBEN: „Der Garten des Gesetzes meint die ursprüngliche Heimat einer jeden Seele, das Lichtreich."[25]

Damit sind wir schließlich beim wichtigen Gartenmotiv, dem W. B. OERTER eine ansprechende Studie gewidmet hat.[26] Wir sind geneigt, einige neugefundene manichäische Malereien in Bäzäklik (Abb. 23, 24) diesem Motivkreis zuzuordnen, auch wenn hier neben Blumen und Gewächsen Vögel und Wasservögel dargestellt sind, in einem Malstil übrigens, der sich vor den späteren manichäischen Malereien durch seine Feinheit und Zartheit auszeichnet.

Es wäre nun reizvoll, eine Übersicht über die Darstellungen von Göttern und Menschen zu bieten, wie wir sie aus der uns schon länger bekannten manichäischen Kunst Turfans kennen. Doch würde das den Rahmen sprengen. Statt dessen soll ein Blick auf die Schriftkunst und Miniaturmalerei genügen, wie sie uns in einigen bereits vertrauten Beispielen entgegentritt, und dabei gilt es, die grundsätzliche Frage nach dem Verhältnis von Schrift (bzw. Wort) und Bild in der manichäischen Tradition zu stellen. Der Manichäismus ist zweifellos eine ausgesprochene Wort- und Schriftreligion. Sein geschriebenes Wort ist dem Stifter Mani so wichtig, daß er es in sieben kanonischen Werken fixierte, die im gesamten Verbreitungsgebiet des Manichäismus von Nordafrika bis China in Übersetzungen vorlagen. Die Lehren des Stifters wurden bewußt im Gegensatz zu den gesprochenen Worten Jesu, Zarathustras und Buddhas von Anfang an schriftlich niedergelegt. In den koptischen *Kephalaia* wird ausdrücklich hervorgehoben, daß die älteren Begründer einer neuen Religion keine Bücher schrieben, sondern dies ihren Jüngern überließen. Jesus habe gepredigt, aber erst nach ihm zeichneten seine Jünger seine Worte und Taten auf. „Zarathustra schrieb keine Bücher; aber seine Jünger nach ihm erinnerten sich und schrieben die Bücher, die man heute liest." Und als der Buddha kam, „erwählte und vollendete er seine Gemeinden und offenbarte ihnen seine Hoffnung; nur

---

[24] H. SCHMIDT-GLINTZER, *op. cit.*, S. 18.
[25] V. ARNOLD-DÖBEN, *op. cit.*, S. 43.
[26] W. B. OERTER, „Das Motiv vom Garten. Betrachtungen zur manichäischen Eschatologie", in: A. VAN TONGERLOO/S. GIVERSEN (eds.), *op. cit.*, S. 263–272.

schrieb er seine Weisheit nicht in Bücher; seine Jünger, die nach ihm kamen, erinnerten sich an das Etwas von Weisheit, das sie von Buddha gehört hatten, und schrieben es in Schriften."[27]

Es ist freilich geradezu eine Ironie der Geschichte, daß trotz dieser peinlich genauen Fixierung des geoffenbarten Wortes durch Mani so wenig von seinen Schriften erhalten geblieben ist. Erhalten sind dagegen in reichem Maße Hymnen, Gebete und dogmatische Traktate, die von späteren Jüngergenerationen stammen. Sie alle aber verweisen auf die hohe Bedeutung der Bildersprache in der manichäischen Literatur. Sie erinnert uns vielfach an die Bildersprache der syrischen Christenheit, die R. MURRAY systematisch untersucht hat[28] und die den Orientalen doch viel eher ansprach als das am Logos orientierte Denken jener, die in der griechisch-römischen Tradition standen. Vielleicht ist dies ein innerer Grund für den relativ frühen Untergang des Manichäismus im Römerreich, nämlich schon im 6. Jahrhundert, während der Manichäismus in Ostasien fast tausend Jahre länger existierte, um schließlich in Buddhismus und Taoismus aufzugehen.

Die Bedeutung des Bildhaften bei Mani geht nicht zuletzt daraus hervor, daß er seinem Hauptwerk, dem *Lebendigen Evangelium,* einen Bildband (gr. *Eἰκών*) zur Illustration seiner Lehren beifügte. Dieser wiederum gewann eine solche Bedeutung, daß ihm ein Kommentar beigegeben wurde. Der Bildband, der bis nach China hin verbreitet war, wird in einem chinesisch-manichäischen Text erwähnt.[29] Er ist zwar nicht erhalten, wohl aber Reste des Kommentars.[30] Die hohe Bedeutung des Bildbandes in der Verkündigung resultiert auch daraus, daß Mani seinen Jünger und Ostmissionar Mār Ammō nach einem mittelpersischen Turfantext (M 2) nach Abarshahr im Osten Irans zu Missionszwecken aussandte, und zwar „zusammen mit einigen Brüdern, die gut schreiben konnten, und einem Buchmaler".[31] Die Veranschaulichung der Botschaft hängt nicht nur engstens mit der Bildersprache zusammen, sondern auch damit, daß die Botschaft „mit Geschicklichkeit" vorzutragen sei und daß der Hörer in den sprachlichen, mythologischen und gleichnishaften Kategorien angesprochen werden sollte, die ihm verständlich waren. So finden wir vielfach

---

[27] *Keph.* 7,31–33 und 8,1–7. Zit. nach J. LEIPOLDT/S. MORENZ, *Heilige Schriften,* Leipzig 1953, S. 7.

[28] Vgl. R. MURRAY, *Symbols of Church and Kingdom. A Study in Early Syriac Tradition,* Cambridge 1975.

[29] G. HALOUN/W. B. HENNING, „The Compendium of the Doctrines and Styles of the Teaching of Mani, the Buddha of Light", in: *Asia Major,* N. S. III,1 (1952), S. 195. Hier ist die Rede von „the drawing of the two great principles".

[30] W. B. HENNING, „The Book of Giants", in: *BSOAS* IX (1943–46), S. 71 f. Hier ist die Rede vom großen Feuer, das offenbar im Bildband abgebildet war.

[31] Mittelpersischer Text in M. BOYCE, *Reader,* S. 40 f., Text h, 4–9.

22 Hans-Joachim Klimkeit

schon in den koptischen Texten die Verquickung von σοφία, „Weisheit", und τέχνη, „Geschicklichkeit", wobei auf die Fertigkeit des Handwerkers, des Kriegers, des Staatsmannes oder des Arztes verwiesen wird.[32] Vorbild dafür ist nicht selten die Kunst *(τέχνη)*, die die Götter aufwenden, um die Gegenmächte in Schach zu halten oder zu überwinden.[33] So heißt es in den *Kephalaia* (77,5 ff.):

„[Der Große] Geist aber ... gleicht einem verständigen Künstler *(τεχνίτης)*, der schmückt und zurechtmacht [alle] Rüstungen für den Krieg."

Die heilschaffenden Götter – Jesus und Mani eingeschlossen – werden auch mit geschickten Ärzten verglichen.[34] Und im *Kölner Mani-Kodex* sagt Mani von sich, er sei „mit Weisheit und Gewandtheit" *(σοφία καὶ εὐμηχανία)* in der Mitte der Täufer gewandelt.[35]

Im östlichen Manichäismus konnte man auf diesem Hintergrund ohne weiteres den buddhistischen Begriff der „Geschicklichkeit in der Lehrunterweisung" *(upāya* oder *upāyakauśalya)* übernehmen. „Weisheit" *(prajñā)* und „Geschicklichkeit" *(upāya)* sind zwei vielfach verwendete Begriffe im Mahāyāna-Buddhismus. Daran kann das chinesisch-manichäische *Kompendium* geradezu anknüpfen, wenn es dort heißt, Mani habe sechzig Jahre lang die Geschicklichkeit *(upāya)* gelehrt und damit „die vier Heiligkeiten" (vermutlich die vier Evangelien) mit Macht und Autorität versehen.[36] Da sich die manichäische Mission und Verkündigung einerseits als Kampf gegen das Böse in der Welt verstand, andererseits aber auch als seelenärztliche Tätigkeit im Dienste der Rettung der Seelen, konnte sie an derartige Vorstellungen anknüpfen und ihren Auftrag so auffassen, daß diese geeignete Methode zu wählen sei, um die erlösungsbedürftigen Seelen anzusprechen. Ein dezidiert didaktisches Anliegen leitet auch die Kunst, die letztlich über sich hinausweisen will auf einen jeweils geistigen Sachverhalt, der durch verschiedene Bilder repräsentiert werden kann. Dem entspricht es, daß sich in den Hymnen, Gebeten und Anrufungen die Bilder und Sinnbilder geradezu kaleidoskopisch abwechseln. Nicht die eindeutige Definierung des Gegenstandes, sondern seine Umschreibung und vielfältige Veranschaulichung ist das Ziel dieses Denkens.

---

[32] Z. B. *Keph.* 58,29 f.; 107,9 f; 120,3 ff.; 167,15 f.

[33] Z. B. *Keph.* 53,3; 58,29 f.

[34] Z. B. *Keph.* 210,3 ff. Vgl. V. ARNOLD-DÖBEN, *op. cit.*, S. 97 ff. („Das Bild von dem Arzt und den Kranken").

[35] L. KOENEN/C. RÖMER, *op. cit.*, S. 5.

[36] G. HALOUN/W. B. HENNING, *op. cit.*, S. 191. Im Londoner *Hymnus* heißt es vom „Lichterhabenen": „Geschickt zeigt er uns das Meer der Natur und des Lebens und die Ahnherren von Licht und Finsternis." H. SCHMIDT-GLINTZER, *op. cit.*, S. 39.

Die Bildhaftigkeit ist also zutiefst im Wesen dieses Denkens begründet; das Bild dient nicht nur der Veranschaulichung, sondern es ist selbst eine wesentliche Kategorie in der Erkenntnisgewinnung, auch wenn bei den erhaltenen Miniaturen das Bild nicht immer auf den danebenstehenden Text zu beziehen ist (Abb. 29). Die vielfältige Verwendung von Gleichnissen in der persischen und zentralasiatischen Literatur der Manichäer weist in dieselbe Richtung. Freilich behält das geschriebene Wort seinen Vorrang. Es ist uns eine Miniaturmalerei aus Turfan überliefert, die Schreiber bei der Arbeit zeigt (Abb. 30). Sie sitzen unter blühenden und Frucht tragenden Bäumen, deren vielfältige Symbolik wir schon angedeutet haben.

Im Dienst der Schrift stehen die Kalligraphie und die Miniaturmalerei. Ein schön beschriebenes und künstlerisch ausgestaltetes Buchblatt ist geradezu ein Spiegel einer geordneten Seele (Abb. 31, 32). Auch dort, wo Miniaturmalereien in eine Rolle eingeklebt sind, wie im Falle einer 1981 gefundenen sogdischen Rolle (Abb. 33), steht die Kunst letztlich im Dienste der Schrift. Diese aber verweist den Menschen immer wieder auf den grundlegenden manichäischen Mythos. Von ihm sagt H.-CH. PUECH: „… indem sie [die Mythen] ihm [dem Menschen] seinen Ursprung und sein wahres Wesen offenbaren, geben sie dem Menschen die Gewißheit der Erlösung als eines Zustandes, der von Ewigkeit her gegeben ist und den er nur wiederzufinden hat. … Diese Erlösung ist Wiedergeburt in dem Sinne, daß sie ein Wiederzusammenschließen ($\sigma\upsilon\lambda\lambda\acute{\epsilon}\gamma\epsilon\iota\nu$) der eigenen lichthaften und göttlichen Substanz ist, Wiedererfassen des wahren Ichs, Rückkehr zu seinem ursprünglichen Wesen und Orte."[37] Das Ideal ist unbefleckte Reinheit, was sich auch vom Philologischen her darstellen ließe,[38] „und nichts", sagt PUECH, „kann besser die geistige Atmosphäre des Manichäismus vor uns erstehen lassen als die Miniaturen, die sich in Turfan erhalten haben, mit ihren sauber umrissenen Gestalten, ihren feinen Zügen, ihren klaren und reinen Farben".[39] Was PUECH bezüglich der damals schon bekannten Miniaturen sagte, bestätigt sich auch anhand der neugefundenen Wandmalereien. Geht es doch immer wieder um Abgrenzung zwischen Leben und Tod, Klarem und Wirrem, Geordnetem und Chaotischem. Auch die Kunst ist somit von einem grundlegenden Gedanken der Schrift geleitet, der Trennung zwischen dem Reich des Lichts und dem Reich der Finsternis und der Darstellung

---

[37] H.-CH. PUECH, „Der Begriff der Erlösung im Manichäismus", in: G. WIDENGREN (Hrsg.), *Der Manichäismus*, Darmstadt 1971 (Wege der Forschung, Bd. CLXVIII), S. 152.

[38] S. z. B. im Uigurischen die vielen Wendungen mit dem Terminus *ariγ*, „rein". Vgl. K. RÖHRBORN, *Uigurisches Wörterbuch*, Lieferung 3, Wiesbaden 1981, s. v. *arig*, Sp. 182–188.

[39] H.-CH. PUECH, *op. cit.*, S. 161.

dessen, was sich als Spiegel göttlichen Lebens erweist.[40] Dazu will jedenfalls die Kunst ebenso wie die Schrift hinführen. So kann Mani in den *Kephalaia* sagen:

> „Denn die Apostel alle, meine Brüder, die vor mir gekommen sind,
> [Nicht haben sie geschrieben] ihre Weisheit, wie ich sie geschrieben habe,
> [Noch haben] sie abgemalt ihre Weisheit in das Abbild, wie [ich] sie [abge-
> malt habe]."[41]

Als „Mani der Maler" lebte der Religionsstifter tatsächlich in der persischen Überlieferung weiter.

---

[40] Vgl. hierzu H.-J. KLIMKEIT, „Vom Wesen manichäischer Kunst", in: *ZRGG* 34 (1982), S. 195–205.
[41] Zit. nach G. WIDENGREN, *Mani und der Manichäismus*, Stuttgart 1961 (Urban-Bücher 57), S. 109.

Abb. 1: Der Ort Bäzäklik in der Turfan-Oase vor 1981, der eine Reihe von bekannten, größtenteils buddhistischen Höhlen aufweist, die teilweise durch Kuppeln usw. abgesichert sind. Einige der buddhistischen Höhlen waren ursprünglich manichäisch; die manichäischen Motive wurden dort überdeckt und von buddhistischen übermalt, so die Höhle G 6 = heute Nr. 16, wo das Motiv des dreistämmigen Baumes (Abb. 17–19) zur ursprünglichen Malerei gehört. Photo: Y. CROWE.

Abb. 2: Der Ort Bäzäklik nach Abtragung der Schuttmassen vor den Haupthöhlen im Jahr 1981. Zutage kamen eine Reihe von kleinen manichäischen Meditationshöhlen, deren Wände noch teilweise bemalt sind. Photo: H.-J. KLIMKEIT.

Abb. 3: Der Ort Sängim bei Turfan, wo sich buddhistische und manichäische Mönche in der Zeit des Königreichs von Kočo (ca. 850–1250) niedergelassen hatten. Der Manichäismus dürfte hier bis zum 11. Jahrhundert existiert haben. Auffällig ist die burgartige Anlage, die wahrscheinlich als manichäisch anzusprechen ist. Photo: Prof. HUASHAN CHAO.

Abb. 4: Blick auf den südlichen Teil der Anlage von Sängim. Die aus dem Fels gehauene fünfstufige (?) Anlage erinnert an das manichäische Bemafest, wo ein Bild Manis auf einem fünfstufigen Altar stand (vgl. C. R. C. ALLBERRY, „Das manichäische Bema-Fest", in: ZNW 36 (1931), S. 2–11, vor allem S. 2f.). Photo: Prof. HUASHAN CHAO.

Abb. 5: Blick auf die östlichen Höhlenanlagen von Toyuq, von der gegenüberliegenden Seite des Tales. Photo: Prof. J. PONCAR.

Abb. 6: Die östlichen Höhlenanlagen von Toyuq. Photo: Prof. J. PONCAR.

Abb. 7: Reste der Abbildung eines Meditierenden vor dem Bild eines Menschen, der je zur Hälfte in dunklen und in hellen Umrissen gezeichnet ist (östliche Höhlenanlage in Toyuq). Man wird darin die Dualität von Licht und Finsternis sehen können, die das Wesen des Menschen nach manichäischer Lehre bestimmt. Nachzeichnung von M. KRUMBECK.

Manichäische Kunst an der Seidenstraße 31

Abb. 8: Weißgewandete *Electi* (manichäische Geistliche), wahrscheinlich als Stifter dargestellt, in einer der neugefundenen Höhlen in Bäzäklik. Nachzeichnung von M. KRUMBECK.

Abb. 9: Reihen von weißgewandeten *Electi* in einer neugefundenen manichäischen Höhle in Bäzäklik. Nachzeichnung von M. KRUMBECK.

Abb. 10: Zentralmotiv auf der Stirnseite einer neugefundenen manichäischen Meditationshöhle in Bäzäklik. Auf einem mit Gras bewachsenen Berg erheben sich die Stämme zweier Bäume, die sich ineinander winden. Nachzeichnung von M. Krumbeck.

Abb. 11: Stirnseite einer manichäischen Höhle in Sängim. Erhalten sind zwei Bäume, deren Stämme vielleicht ineinander verwoben waren; die Kronen trennen sich voneinander. Nachzeichnung von M. Krumbeck.

Abb. 12: Dieselbe Höhle wie in Abb. 11, von S. G. OLDENBURG im Jahr 1910 aufgenommen. Photo aus: S. G. OLDENBURG, *Ekspedicija Russkaya Turkestanskaja, 1909–1910*, St. Petersburg 1914, Taf. 41.

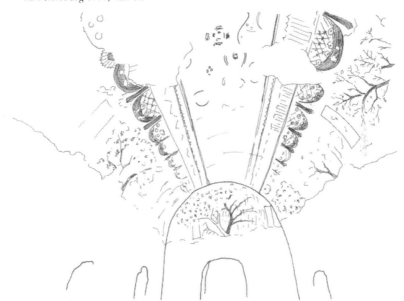

Abb. 13: Der Zustand derselben Höhle (Abb. 11) heute. Da Nomaden einige Zeit hier gewohnt haben, ist die Deckenmalerei stark verrußt. An den Seitenwänden sind abwechselnd mit Früchten und weißen Blättern versehene Lebensbäume und entlaubte Todesbäume (?) angebracht. Der Abschluß wird jeweils durch eine Reihe von gemalten, mit Blumenschmuck verzierten Gardinen gebildet. Nachzeichnung von M. KRUMBECK.

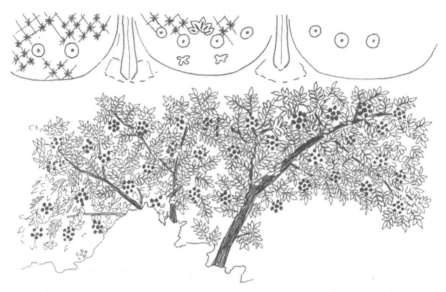

Abb. 14: Ein Lebensbaum (?) auf der rechten Seite dieser Höhle. Nachzeichnung von M. KRUMBECK.

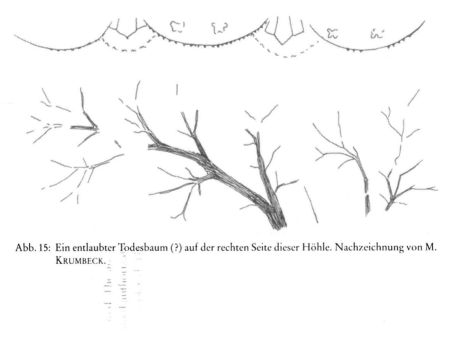

Abb. 15: Ein entlaubter Todesbaum (?) auf der rechten Seite dieser Höhle. Nachzeichnung von M. KRUMBECK.

Abb. 16: Bäume unterschiedlicher Art erscheinen auch auf buddhistischen Wandmalereien in Sängim, wo ebenfalls das Motiv der das Bild abschließenden gemalten Gardine eine Rolle spielt. Im unteren Teil sind hier buddhistische Lehrer in ihren Nischen vor ihren Schülern dargestellt. Nachzeichnung von A. GRÜNWEDEL, *Bericht über archäologische Arbeiten in Idikutschari und Umgebung im Winter 1902–1903*, München 1909 (Abh. der philos.-philol. Kl. der Kgl. Bayerischen Akademie der Wissenschaften, Bd. XXIV, 1. Abt.), S. 124.

Abb. 17: Reste einer Malerei mit ursprünglich vielleicht 7 × 7 Reihen von grünen Bäumen an der Stirnseite einer Höhle der westlichen Anlage von Toyuq. Es war dies vermutlich ein Symbol des Lichtreichs. Vielleicht hat eine Kultfigur Manis davorgestanden. Das Motiv taucht in der Turfan-Oase mehrfach auf. Photo: Prof. J. PONCAR.

Abb. 18: Dreistämmiger Baum, manichäische Wandmalerei in Höhle 16 von Bäzäklik. Aufnahme von S. G. OLDENBURG aus dem Jahre 1910. Aus: S. G. OLDENBURG, *op. cit.*, Taf. 42.

Abb. 19: Nachzeichnung des dreistämmigen Baumes von A. GRÜNWEDEL. Aus: A. GRÜNWEDEL, *Alt-Kutscha*, Berlin 1920, Fig. 66.

Abb. 20: Heutiger Zustand der Wandmalerei mit dem dreistämmigen Baum. Nachzeichnung von M. Krumbeck.

Abb. 21: Manichäische Meditationshöhle in Sängim. Das Motiv der Weinrebe bestimmt die Deckenmalerei. Nachzeichnung von M. KRUMBECK.

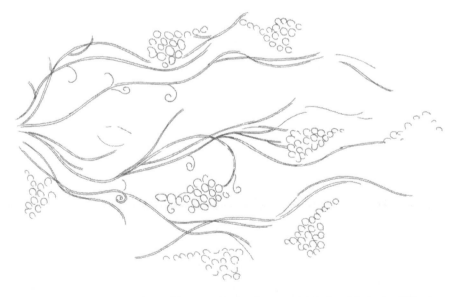

Abb. 22: Deckenbemalung der Höhle von Abb. 21. Zum manichäischen Motiv der Weinrebe s. V. ARNOLD-DÖBEN, *op. cit.*, S. 40ff. Nachzeichnung von M. KRUMBECK.

Manichäische Kunst an der Seidenstraße 39

Abb. 23: Manichäische Wandmalerei in einer neugefundenen manichäischen Meditationshöhle in Bäzäklik. Blumen und Blüten in einem frühen persischen (?) Stil. Nachzeichnung von M. KRUMBECK.

Abb. 24: Manichäische Wandmalerei in einer neugefundenen manichäischen Meditationshöhle. Pflanzen und Wasservogel in einem frühen persischen (?) Stil. Nachzeichnung von M. KRUMBECK.

Manichäische Kunst an der Seidenstraße

Abb. 25: Wandmalerei in einer Höhle in der östlichen Anlage von Toyuq. Ein verdorrter „Todesbaum" und ein „Juwelenbaum", unter denen meditierende Gestalten sitzen. Der „Juwelenbaum" wird in der buddhistischen und manichäischen Literatur thematisiert. Für das manichäische Motiv s. V. ARNOLD-DÖBEN, *Die Bildersprache des Manichäismus*, Köln 1978 (AR 3), S. 34 ff. Photo: Prof. J. PONCAR.

Abb. 26: Vermutlich manichäische Wandmalerei in einer Höhle in der östlichen Anlage von Toyuq. Links ein flammendes Kreuzesmotiv. Man denkt an das manichäische Lichtkreuz oder an das vom Buddhismus übernommene wunschgewährende Juwel (*cintāmaṇi*-Juwel). Zum *cintāmaṇi*-Juwel im Manichäismus s. V. ARNOLD-DÖBEN, *op. cit.*, S. 58ff., zum Lichtkreuz S. 108ff. Photo: Prof. J. PONCAR.

Abb. 27a: Meditierende vor geschmückten Bäumen („Juwelenbäume"?) in einer Höhle in der östlichen Anlage von Toyuq. Für die chinesische Inschrift s. Anhang. Photo: Prof. J. PONCAR.

Abb. 27b: Detail aus der Bildwand oben (vgl. Abb. 27d). Nachzeichnung von M. KRUMBECK.

Abb. 27c: Detail aus Abb. 27a. Nachzeichnung von M. KRUMBECK.

Abb. 27d: Der heutige Zustand des rechten Randes der Wandmalerei von Abb. 27a unten. Photo: Prof. J. PONCAR.

Abb. 28: Fliegende und juwelenstreuende Gottheit in einer Höhle der östlichen Anlage von Toyuq. Das Bild kann manichäisch oder auch buddhistisch sein. In diesem Sinne deutet es GRÜNWEDEL (A. GRÜNWEDEL, *Altbuddhistische Kultstätten in Chinesisch-Turkistan*, Berlin 1912, S. 320, Fig. 660). Photo: Prof. J. PONCAR.

Abb. 29: Manichäische Miniaturmalerei aus der Turfan-Oase. Das Bild weist Beichtende auf, über denen zwei *Electi* auf Lotosblumen sitzen, die vermutlich die Beichte entgegennehmen. Der in manichäischer Schrift geschriebene mittelpersisch-parthische Text steht hier – wie vielfach – in keinem direkten Zusammenhang mit dem Bild (vgl. zum Text M. BOYCE, *A Catalogue of the Iranian Moanuscripts in Manichaean Script in the German Turfan Collection*, Berlin 1960, S. 144, Nr. IB 8259). Museum für Indische Kunst, Berlin, IB 8259 (publiziert in A. VON LE COQ, *Die buddhistische Spätantike in Mittelasien II: Die manichäischen Miniaturen*, Nachdruck Graz 1973, Taf. 7b).

Abb. 30: Manichäische Schreiber unter (ursprünglich dreistämmigen?) Lebensbäumen mit Blüten und Trauben. Der Text steht auch hier nicht in unmittelbarem Zusammenhang mit dem Bild (zum Text s. A. VON LE COQ, op. cit., S. 57). Museum für Indische Kunst, Berlin, IB 6368 recto (publiziert in A. VON LE COQ, op. cit., Taf. 8b, b).

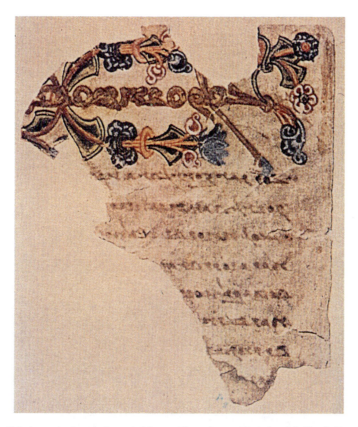

Abb. 31: Teil eines mittelpersisch geschriebenen Blattes in manichäischer Schrift mit illuminiertem Titel oder Teil einer Kapitel-Überschrift. Museum für Indische Kunst, Berlin, IB 4983 (publiziert in A. VON LE COQ, *op. cit.*, Taf. 6a).

Abb. 32: Rückseite des Fragments auf Abb. 30. Die obere, rot ausgeführte Schrift gibt mit uigurischen Lettern einen türkischen Text wieder, in der von „seiner Schrift" die Rede ist; diese wird nun gekennzeichnet als „die wahren, lichten Worte, Gottes Weisheit, das sehr süße Gesetz". Die unteren, schwarz ausgeführten Kolumnen geben den Titel eines Herrschers wieder, der nach P. ZIEME zu Anfang des 11. Jahrhunderts regiert hat (s. A. VON LE COQ, op. cit., S. 57f.; P. ZIEME, „Manichäische Kolophone und Könige", in: G. WIESSNER/H.-J. KLIMKEIT (Hrsg.), Studia Manichaica. II. Int. Kongreß zum Manichäismus, Wiesbaden 1992 (StOR 23), S. 319–327.
Im linken, von Blüten umrahmten Teil findet sich eine Anrufung der „vier fürstlichen Götter" [tört *ilig t(ä)ngrilär], was den „vierfältigen Vater der Größe", also Gott, sein Licht, seine Kraft und seine Weisheit meint. Der obere Teil des Fragments weist darauf hin, daß die Instrumentalmusik im Kult eine Rolle spielte. (Zum ganzen vgl. A. VON LE COQ, op. cit., S. 57f.). Museum für Indische Kunst, Berlin, IB 6368 verso (publiziert in A. VON LE COQ, op. cit., Taf. 8a, b).

Manichäische Kunst an der Seidenstraße

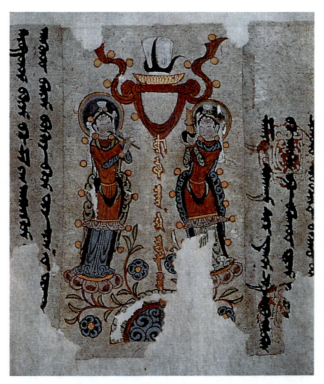

Abb. 33: Eine in eine sogdische Rolle eingeklebte Miniaturmalerei. Zwei himmlische Musikanten, auf Lotosblüten stehend, blicken zu den Insignien (der Kopfbedeckung) eines hohen Lehrers auf. Der sogdische Text enthält Briefe an einen solchen Lehrer. Turfan-Museum, Inv. Nr. unbekannt. Erstpublikation in *Wen Wu* 8 (1985), S. 16a.

Abb. 34: Eine manichäische Göttin, wahrscheinlich die Lichtfrau, in indischer Manier auf einer Lotosblüte sitzend. Nachzeichnung einer Wandmalerei in Koco, Ruinengruppe K, von A. GRÜNWEDEL. Aus: A. GRÜNWEDEL, *Alt-Kutscha,* München 1920, S. I 82, Abb. 81

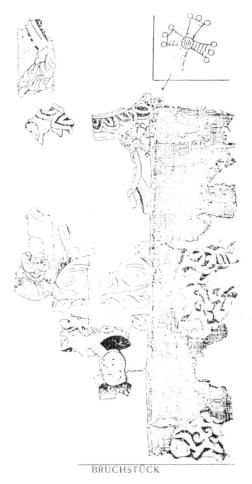

Abb. 35: Nachzeichnung einer zerstörten manichäischen Seidenmalerei aus Kočo. Dargestellt ist eine in indischer Manier auf einem Lotossitz thronende Gottheit, wahrscheinlich der Lichtbote „Jesus der Glanz", der sich vermutlich mit einem Knaben unterhält, der die sich nach Erlösung sehnende Seele repräsentiert (vgl. V. ARNOLD-DÖBEN, *op. cit.*, S. 112ff.). Die Heilsfigur hielt ursprünglich einen kreuzbekrönten Stab in der Hand. Unten ist noch der Kopf einer Stifterfigur zu erkennen. Nachzeichnung von A. GRÜNWEDEL in A. VON LE COQ, *op. cit.*, S. 207.

Abb. 36: Ein in manichäischer Kleidung (mit Beffchen) gewandeter *Electus*, neben ihm eine Dame, beide als Stifterpaar dargestellt. Aus den buddhistischen Höhlen von Bäzäklik (Höhle 19 nach GRÜNWEDEL). Museum für Indische Kunst, Berlin, MIK 8595. Aus: A. VON LE COQ, *Die buddhistische Spätantike in Mittelasien III: Die Wandmalereien*, Nachdruck Graz 1974, S. 24.

Abb. 37: Kultfigur Manis im Tempel von Cao'an in der Nähe von Quanzhou (dem alten Zaiton), Provinz Fujien, aus dem Jahr 1445. Die chinesische Beischrift weist die Figur als Bildnis Manis „des Lichtgottes" aus. Photo: Dr. P. BRYDER (publiziert in P. BRYDER, „ …Where the Faint Traces of Manichaeism Disappear", in: *AoF* 15 (1988), S. 207).

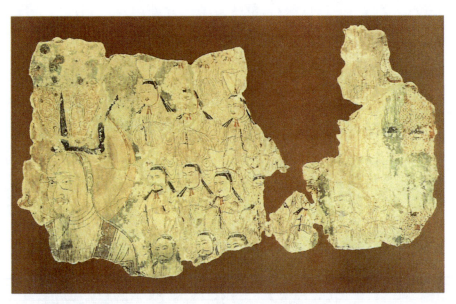

Abb. 38: Mani im Kreise von Geistlichen *(Electi)* und Laien. Wandmalereien aus Kočo, Ruinengruppe K. Aus: A. VON LE COQ, *Chotscho*, Nachdruck Graz 1979, Taf. 1.

Abb. 39: Bild Manis. Papierabdruck einer Kupferplatte aus Kočo. Der mittelpersische Text in manichäischer Schrift lautet: „Das Antlitz des Lichtgesandten". Aus: W. SUNDERMANN, „Ein übersehenes Bild Manis", in: *AoF* 12 (1985), S. 172–174.

Abb. 40: Vermutlich Bema-Szene auf einer Miniaturmalerei aus Kočo. Auf einem kleinen Tisch liegen Brote in Form von Sonne und Mond. Dahinter steht eine Schale mit Melonen und Weintrauben. Der Hauptaltar ist von Teppichen bedeckt. Auf ihm war vielleicht ein Bild Manis aufgestellt. Neben dem Altar sitzt ein hoher manichäischer Geistlicher; unter ihm sind links und rechts Priester verschiedenen Ranges dargestellt. Ein Priester erhebt ein in Gold gefaßtes Buch in den Händen, vielleicht Manis *Lebendiges Evangelium* (vgl. V. ARNOLD-DÖBEN, *op. cit.*, S. 171ff.). Museum für Indische Kunst, Berlin, IB 4979 verso. Aus: A. VON LE COQ, *op. cit.* [zu Abb. 29], Taf. 8b, a (Text S. 53ff.).

Anhang: Inschriften

Die Szenen auf den Bildern 27 b und 27 c weisen chinesische Inschriften auf, die Herr Prof. HUASHAN CHAO, Peking, freundlicherweise kopiert hat. Prof. HERBERT FRANKE, München, war so entgegenkommend, diese Kopien der Toyuq-Inschriften zu übersetzen. Seine Übersetzung lautet:

> „1) (… 3 Zeichen unleserlich) Juwelenbaum (1 Zeichen unles.) siebenfache (1 Zeichen unles.) dazwischen gibt es …
>
> 2) Der Schüler (chin. *hsing-che* [42]) soll sein eigenes Herz erheben, er wird (wieder)geboren in der Welt der höchsten Freude der westlichen Weltgegend (1 Zeichen unles.) Lotus (4 Zeichen unles.).
>
> 3) Der Schüler betrachtet und denkt nach über die Blätter des Baums. Ein (1 Zeichen unles.) Baumblätter … bewirken … Baum … gibt es zwei Juwelenfahnen.
>
> 4) Der Schüler betrachtet *(chin. kuan* [43]*)*, daß es auf der Terrasse kostbare Fahnen auf vier Säulen gibt; oberhalb der Fahnen gibt es ein Juwelen -- (1 Zeichen unles.), der des nachts den Götterpalast[44] besucht."

Aus dem Text geht hervor, daß hier wesentliche Gedanken des Amitābha-Buddhismus aufgegriffen werden. Es geht bei der Meditation über die symbolisch ausgedeuteten Bäume letztlich um die Wiedergeburt im Westlichen Paradies Sukhāvatī, dem Paradies des Buddha Amitābha. Die Manichäer haben dieses sicherlich mit dem Lichtreich gleichgesetzt. Auch das buddhistische Motiv des „Juwelenbaumes" oder „Edelsteinbaumes" ist in der manichäischen Literatur belegt.[45] Es ist freilich auch ein zentrales Motiv in der buddhistischen Kunst von Turfan und Kucha. Vom manichäischen Motiv sagt V. ARNOLD-DÖBEN:

---

[42] Chin. *hsing-che* ist im buddhistischen Sprachgebrauch soviel wie „Abtsgehilfe, Schüler", skr. *acarin*. Im manichäischen Kontext ist *hsing-che* laut SCHMIDT-GLINTZER „einfacher Anhänger" (Anm. von Prof. FRANKE).

[43] Chin. *kuan* heißt auch „kontemplieren, meditieren" u. ä. (Anm. von Prof. FRANKE).

[44] Götterpalast", chin. *t'ien-kung*, ist in buddhistischer Terminologie „Götterwohnsitz", skr. *devapura* oder *devaloka* (Anm. von Prof. FRANKE).

[45] Vgl. V. ARNOLD-DÖBEN, *op. cit.*, S. 34.

„Dieser Edelstein- oder Kleinodienbaum erhält seinen Namen daher, daß seine Blüten oder Früchte als Edelsteine dargestellt werden oder daß Edelsteine inmitten seines Blätterwerks hängen; beide Möglichkeiten finden wir bei der ikonographischen Behandlung des Themas.

Der Edelsteinbaum spielt einmal eine Rolle bei der Beschreibung und Schilderung des Lichtreiches, wo die Prächtigkeit und Schönheit dieses Ortes durch ihn hervorgehoben werden soll. So heißt es über das Lichtreich:

,Die Kleinodienbäume dort sind alle aufgereiht. Die wertvollen Früchte wachsen ständig und dörren oder verfaulen nie; in ihrer Größe sind sie alle gleich, und es gibt keinen Wurmfraß, von Natur sind sie grün und in Hülle und Fülle vorhanden.' (*Lond. Hym.* V 296)

Dies alles dient zur Kennzeichnung des Lichtreiches, hat aber keine symbolische Bedeutung. Anders verhält es sich in dem Fall, wenn der Edelsteinbaum Erlösergestalten wie Jesus und Mani umschreibt und mit ihnen identifiziert wird."[46]

Offenbar sind in der späten Kunst von Toyuq manichäische und buddhistische Elemente stark miteinander verquickt worden. Die buddhistische Anleitung zur Meditation über das Westliche Paradies Sukhāvatī konnte ohne weiteres von Manichäern übernommen werden.[47] Ein erhaltener uigurischer buddhistischer Text zur Meditation über das Westliche Paradies, der vom uigurischen Dichter Kki Kki auf der Basis des *Amitāyurdhyāna-Sūtra* in Versform gestaltet ist, thematisiert u. a. die Symbole, die in unserer Inschrift genannt werden.[48]

---

[46] Ibid.

[47] Die wesentlichen Texte der Amitābha-Buddhismus sind das kleine und das große *Sukhāvatīvyūha* sowie der nur chinesisch erhaltene Text „Sūtra zur Meditation über Amitāyus" (*Amitāyurdhyāna-Sūtra*). Zu westlichen Übersetzungen dieser Texte s. P. PFANDT, *Mahāyāna Texts Translated into Western Languages*, 2nd ed., Köln 1986, S. 8 u. 98 ff.

[48] Vgl. P. ZIEME/K. KUDARA, *Guanwuliangshoujing in Uigur*, Kyoto 1985.

Diskussion

Herr Merkelbach: Herr Klimkeit, Sie haben davon gesprochen, daß bei den Turfan-Funden buddhistische und manichäische Funde nebeneinander gefunden worden sind. Gibt es Beziehungen zwischen dem Buddhismus und dem Manichäismus?

Herr Klimkeit: Die Einflüsse des Buddhismus auf Mani werden unterschiedlich bewertet. Wir wissen, daß Mani seine erste große Missionsreise nach Indien machte, wahrscheinlich in ein buddhistisches Gebiet, u. a. das Turan-Reich. Ob er dort erst die Lehre von der Wiedergeburt kennengelernt hat, wird in Frage gestellt, zumal es eine solche ja auch im hellenistischen Raum gab. Bei Mani selbst findet man nichts ausgesprochen Buddhistisches, sofern man die wenigen Reste seiner Schriften zur Kenntnis nimmt. Er scheint doch stark in der judenchristlichen Tradition der Elchasaiten gewurzelt zu haben. Aber wir sehen, daß im Zuge der Ausbreitung des Manichäismus nach Osten eine immer stärkere Buddhisierung erfolgte. Das läßt sich an den Texten klar zeigen.

Die koptischen Texte verweisen auf Buddha, aber enthalten nichts Buddhistisches. In mittelpersischen Texten sind schon einige Buddhismen zu finden. In den parthischen Texten ist das wesentlich ausgeprägter. Da werden die „Propheten" des Manichäismus bereits „Buddhas" genannt.

Diese Tendenz setzt sich in den sogdischen Texten fort, also in den Texten, die von den ostiranischen Sogdiern stammen. Die Sogdier sind teilweise Manichäer, teilweise Nestorianer und teilweise Buddhisten gewesen; die Manichäer unter ihnen haben offenbar auf einen allgemeinen Sprachfonds zurückgegriffen und ihre Texte zugleich bewußt buddhisiert.

Noch ausgeprägter ist dies in den türkischen Texten. Hier werden die „Heilsgestalten" der Bibel zu „Buddhas". So ist z. B. die Rede vom „Buddha Henoch". Selbstverständlich werden auch Mani und Jesus als „Buddhas" bezeichnet, und der zum Weltgericht kommende Jesus kann zum Buddha der Zukunft, Maitreya, in Bezug gesetzt werden.

In den chinesischen Texten ist die buddhistische Fassade so ausgeprägt, daß man meint, einen buddhistischen Mahāyāna-Text zu lesen, bis man plötzlich auf den Namen Jesu stößt. Aber dann ist es natürlich der „Buddha Jesus".

60 Diskussion

Dieser Prozeß der Buddhisierung läßt sich also um so klarer beobachten, je weiter wir nach Osten fortschreiten; zu ihm gehört nicht nur eine sprachliche, sondern auch eine inhaltliche Dimension. So werden z. B. viele Gleichnisse aus dem buddhistischen Bereich übernommen. Es ist uns aus Zentralasien eine ganze Fülle von manichäischen Gleichnissen bekannt. Teilweise stammen sie aus dem griechischen, teilweise aus dem iranischen und dem indischen, nicht wenige aus dem buddhistischen Bereich. Diese Erzählungen wurden zwar aufgenommen, aber dann im Sinne des Manichäismus ausgedeutet, d. h. im Sinne einer manichäischen Deutung expliziert, wobei die Deutung vielfach in Form eines Epimythions angehängt wurde.

Schließlich ist die Buddhisierung sehr eindeutig in der Kunst. Ich habe hier nur einige Beispiele gezeigt. In der schon bekannten, in Berlin aufbewahrten Kunst haben wir eine ganze Reihe von Beispielen dafür, daß etwa die Lotosblüte, die ein Symbol der Reinheit ist und auf der der Buddha sitzt, zur Basis für manichäische Heilsgestalten wird (vgl. Abb. 34).

Wir haben sogar ein Bild, wo eine Heilsfigur auf einer Lotosblüte sitzt. Sie sieht aus wie eine Buddhafigur, sie hält aber einen Stab mit nestorianischem Kreuz in Händen, und vor ihr ist eine kleinere Figur im Gespräch mit ihr dargestellt (Abb. 35). Das Bild kann man mit einem ganz bestimmten parthischen Text (M 42) in Verbindung bringen, wo der Lichtbote Jesus sich mit der Seele in Gestalt eines Knaben unterhält. Hier ist also dieser wie ein Buddha, in indischer Manier auf einer Lotosblüte sitzend, abgebildet.

Es läßt sich praktisch in allen Bereichen zeigen, ob Literatur, Kunst oder Gleichniserzählung, daß der buddhistische Anteil nach Osten hin wesentlich zunimmt, bis zu einem solchen Grad, daß in China sogar der Vorwurf erhoben wurde, die Manichäer gäben sich fälschlich als Buddhisten aus. Sie gaben sich offenbar teilweise sogar als die „wahren Buddhisten" aus, so wie sie sich im Westen als die „wahren Christen" ausgaben.

Umgekehrt ist aber auch zu sagen, daß wir heute zunehmend auf einen manichäischen Einfluß auf die buddhistische Literatur und Kunst in Zentralasien aufmerksam werden; in den frühesten Schichten der zentralasiatisch-türkischen Literatur vor allem tauchen ausgesprochen manichäische Wendungen auf. Da ist z. B. in einem türkisch-buddhistischen Katechismus (hrsg. K. RÖHRBORN) die Rede von dem „Siegel der Gebote" (türk. *č(i)xšap(u)t tamγ(a))*. Das ist ein ganz unbuddhistischer, ein manichäischer Begriff, der an Augustins Hinweis auf die „Siegel" *(signacula)* des Mundes, der Hände und des Schoßes (*De moribus Manichaeorum*, c. 10) erinnert und in türkisch-manichäischen Texten auch belegt ist (LE COQ, *Türkische Manichaica aus Chotscho* [APAW 1922, Nr. 2], S. 21 und 39). Auch kann man z. B. bei dem Begriff der „reinen Gebote" (türk. *ariγ c(a)xš(a)pat),* der in türkisch-buddhistischen Texten begegnet, an ein manichäisches Vorbild denken. Es finden sich entsprechende Begriffe in den manichäischen Texten auf Mittelpersisch und Parthisch.

Wir sehen heute, daß ein viel größerer Einfluß des Manichäismus auf den Buddhismus bestand, als wir das ursprünglich vermutet haben.

Ich kann schließlich noch darauf hinweisen, daß es Heiligtümer (z. B. in Bäzäklik bei Turfan) gibt, die zwar buddhistisch sind, aber manichäische Stifterfiguren aufweisen, wie wir an ihren Gewändern erkennen können (vgl. Abb. 36), so daß offenbar die Grenzen zwischen den Religionen relativ durchlässig waren.

Herr Dihle: Sie haben uns gezeigt, wie der Manichäismus insofern ein Vorgänger des Islam ist, als er offenbar die erste Religion gewesen ist, in der die schriftlich fixierten *ipsissima verba* des Stiftes die eigentliche Grundlage der Mission und der Predigt bildeten.

Herr Klimkeit: Ja.

Herr Dihle: Während man aber im Islam aus eben diesem Grund außerordentlich zurückhaltend gegenüber der Übersetzung dieser Worte war, hat der Manichäismus sie gerade sehr früh in alle Sprachen übersetzt. Das ist ein merkwürdiger phänomenologischer Gegensatz zwischen den beiden Religionen.

Herr Klimkeit: Ja.

Herr Dihle: Hängt das mit der von Ihnen uns gleichfalls explizierten Bildhaftigkeit der Ausdrucksweise zusammen?

Herr Klimkeit: Ja, ich würde sagen, mit der Anpassung an die Denkformen der jeweils anzusprechenden Völker. Wir kennen von Mani ein mittelpersisches Werk, das dem Schapur gewidmet wurde – sonst sind seine Werke nur aramäisch verfaßt worden –, und in diesem mittelpersischen Werk (dem *Šābuhragān*) nimmt er sich große Freiheiten heraus, um an die zoroastrische, iranische Mythologie anzuknüpfen und sogar den zum Gericht wiederkommenden Jesus mit einem iranischen Namen (Xradešahryazd = „Weltweisheitsgott") zu bezeichnen.

Seine Jünger wie der Ostmissionar Mar Ammo waren demgegenüber viel konservativer. Aber Mani war in gewisser Weise schon wegweisend, indem er zwar auf seine Schriften rekurrierte, diese aber frei wiedergeben konnte. Es kam ihm mehr auf den Inhalt als auf den tatsächlichen Wortlaut an; denn er hat Übersetzungen, z. B. ins Parthische, nicht nur zugelassen, sondern geradezu

62 Diskussion

angeregt (z. B. nach dem mittelpersischen Text M 2). Das *Šābuhragān* legt nahe, daß die zu missionierenden Menschen nicht nur in ihrer eigenen Sprache, sondern auch in ihren eigenen mythischen Bildformen anzusprechen waren, also mit Hilfe ihrer Mythologoumena, was sicher *ein* Grund für die rasche Ausbreitung des Manichäismus gewesen ist.

Herr Dihle: Gibt es einen Hinweis darauf, wie ein Mani-Kultbild ausgesehen haben kann?

Herr Klimkeit: Ja, ein solches ist in einem südchinesischen Tempel bei Quanzhou (dem alten Zayton) in der Provinz Fujian aus dem Jahr 1445 erhalten geblieben (vgl. Abb. 37). Das Bildnis ist schon stark einer Buddhafigur angeglichen und sieht praktisch wie eine solche aus, doch weist die chinesische Beischrift, die noch auf einer alten Photographie erhalten ist, das Bildnis als das Manis „des Lichtgottes" aus. Auch aus der Oase Turfan sind einige Bildnisse Manis erhalten, die freilich nicht als Kultbilder fungiert haben, aber uns eine Vorstellung von solchen vermitteln. Auf einer Miniaturmalerei war er vielleicht ganz wie ein Buddha dargestellt (Abb. 38). Wir haben auch ein Bild von Mani aus Turfan, wo er noch stärker in einem iranischen Stil erscheint, mit einer hohen Kappe, mit Bart usw. Man kann vermuten, daß unterschiedliche Tendenzen nebeneinander vorhanden waren, eine eher konservative, die ihn unter iranischen Vorzeichen darstellte (Abb. 39), und eine eher aufgeschlossene, die ihn in stark buddhisierter Form darstellte.

Daß aber das Kultbild des Mani eine große Rolle gespielt hat, ist ganz klar. Das geht vor allem aus den sogenannten Bema-Hymnen und verwandten Texten hervor, also jenen Hymnen, die zum Gedächtnis an seinen Tod vor einem Altar vorgetragen wurden, auf dem offenbar ein Bild des Mani stand (vgl. Abb. 40).

Auch koptische Texte reden davon (vgl. die Bema-Hymnen im koptischen *Psalmbuch*, wo das Bema im Sinne des Altars geradezu als „Sitz" Manis bezeichnet wird [*Psalmbuch*, S. 8]). Die Kopten werden ihn natürlich in ihrem eigenen Stil dargestellt haben.

Herr Isensee: Aus welcher Zeit stammen die Bilder und die Texte aus der Klosteranlage, die Sie uns gezeigt haben? Kann man erkennen, ob an den Bildern, an der Ikonographie und am Gehalt der Texte etwas originell ist im Vergleich zu den bekannten Bildern und Texten aus anderen Regionen? Oder liegt das Besondere nur darin, daß es ein besonders entlegener Fundort in Zentralasien ist, ein Ort, in dem die Lehre des Mani besonders lange überdauert hat?

Herr Klimkeit: Die Persistenz des Manichäismus in der Turfan-Oase hängt sicherlich mit der Entlegenheit der Gegend zusammen. Was das Alter der Bildwerke anbelangt, so müssen wir verschiedene Schichten unterscheiden. Die Miniaturmalereien sind für diese Gegend relativ spät anzusetzen, ins 10. und 11. Jahrhundert. Dagegen spiegeln die Malereien aus den neugefundenen Meditationshöhlen von Bäzäklik einen viel früheren Stil, der auch wesentlich früher als die bekannte buddhistische Kunst von Turfan ist. Es ist natürlich schwer, genau zu sagen, wie alt diese Malereien sind, weil wir kaum Vergleichsbeispiele haben. Es sind die ersten Fundstücke in diesem vermutlich persischen Stil, die auf uns gekommen sind. Es fällt jedenfalls auf, wie außerordentlich stark sie sich von den späteren Malereien unterscheiden, für deren Umrisse vielfach Schablonen verwendet wurden.

Die manichäischen Bilder heben sich trotz aller späteren Anlehnung an den Buddhismus durch ihre Inhalte von den buddhistischen Bildwerken ab. Sie sind erst von der manichäischen Religion her verständlich. Dies gilt vor allem für frühere Werke. In der späteren Zeit, wie sie uns in der Kunst von Toyuq entgegentritt, ist sicherlich mit einem gewissen Synkretismus zu rechnen. Manichäische und buddhistische Malereien finden sich in Toyuq nebeneinander, aber recht unbuddhistische Ideen wie der Dualismus von Licht und Finsternis, die sich auch in der Darstellung des Lebensbaumes und des Todesbaumes spiegeln, verweisen doch auf einen manichäischen Gehalt. Die frühen manichäischen Bilder sind also ikonographisch originell, während uns bei den späteren z. T. erst das Studium ihres Inhaltes zur Identifizierung verhilft.

Herr Klein: Mich würde interessieren, wie die Anpassung des Kultes an die Umgebungsreligionen einzuschätzen ist. Wir wissen ja vom Manichäismus, daß er sich in seinen Texten sehr stark an seine Umgebungsreligionen angepaßt hat. Wir wissen andererseits, daß die Archäologen sehr große Probleme haben, Kultgebäude des Manichäismus ausfindig zu machen, daß sie immer wieder sagen: Wir können keine Spezifika des manichäischen Kultbaues feststellen.

Wie würden Sie die Anpassung des Kultes selber und des Kultbaues an die Umgebungsreligionen einschätzen, wenn wir hier manichäische Meditationshöhlen vor uns haben, die den buddhistischen ja eigentlich bis auf die Ausmalung aufs Haar genau gleichen? Glauben Sie, daß der Kult sich auch dem Buddhismus insofern angepaßt hat?

Herr Klimkeit: Was die Meditations- und Kulthöhlen anbelangt, so hat man sich sicherlich im Laufe der Zeit weitgehend an buddhistische Vorbilder angepaßt. Dennoch sprechen Texte von den Spezifika der manichäischen Klöster. Wir haben einen chinesischen Text, das *Kompendium der Lehren und Regeln*

Manis, des Buddhas des Lichts (dt. Übers. von H. SCHMIDT-GLINTZER), der uns Auskunft über den Aufbau eines typischen manichäischen Klosterzentrums gibt; nach dem 5. Abschnitt dieses Textes hatte ein manichäisches Kloster fünf unterschiedliche Räumlichkeiten: (1) eine „Halle der heiligen Schriften und der Tafel", (2) eine „Halle des Fastens und der Darlegung", (3) eine „Halle des Kultes und der Beichte", (4) eine „Halle der Unterweisung in der Lehre" und (5) eine „Halle für kranke Mönche".

Man hat versucht, ein Zentrum in Turfan, nämlich die burgartige Anlage in Sängim (Abb. 3) mit ihren tatsächlich fünf Räumlichkeiten, in diesem Sinne zu interpretieren. Aber was die Höhlen anbelangt, wo uns manichäische Kunst entgegentritt, so muß man sagen, daß sie den buddhistischen Höhlenanlagen ähneln und daß man sich hier weitgehend angepaßt hat.

Was den Kult betrifft, so hat man natürlich eigene Kultformen gehabt. Ein Bema-Fest gab es im Buddhismus nicht, aber gewisse buddhistische Wendungen wurden in die zentralasiatische Bema-Liturgie aufgenommen (vgl. das manichäische *Bet- und Beichtbuch,* hrsg. von W. B. HENNING).

Anders sieht es mit dem Neujahrsfest aus, das doch stark auf buddhisierte iranische Vorlagen zurückzugehen scheint. Da ist im Türkischen die Rede vom „Großen Neu-Tag" *(uluɣ yangï kün),* also praktisch vom Neujahrsfest. Die Manichäer und die Buddhisten kannten ein solches. Das manichäische Neujahrsfest scheint an eine ältere Tradition anzuknüpfen, die ihrerseits auf iranische Vorbilder zurückgeht. Freilich sind die Texte, die wir dazu haben, sehr bruchstückhaft. In den koptischen Texten ist das Neujahrsfest übrigens auch erwähnt (z. B. *Psalmbuch,* S. 26).

Ich glaube, im Kult selber war man wohl weniger anpassungsbereit als im Aufbau der Kulthöhlen.

Ein großes Problem für sich stellen die vielen Beichttexte dar, die wir haben. Im Manichäismus gab es eine Reihe von Beichten sowohl für *Electi* wie auch für Laien. Eine Reihe von Mönchs- und Laienbeichten sind uns auch für den Buddhismus bezeugt. Buddhistische Laienbeichttexte gab es aber in Indien nicht. Hier scheint eine gegenseitige Beeinflussung vorzuliegen.

Herr Kertelge: Ich möchte noch einmal auf das Phänomen der Bildhaftigkeit im Manichäismus zurückkommen. Das scheint ja besonders ausgeprägt und bezeichnend zu sein und insgesamt auch die Neigung, das, was religiös überliefert ist, im Bild zu meditieren. Sie sprachen von den Meditationshöhlen mit Meditationsbildern.

Mein Interesse als christlicher Theologe wäre: In welchem Verhältnis haben wir diese Bildhaftigkeit oder überhaupt das Bild zum Wort zu sehen? Das Wort ist auch eine Überlieferungsform neben und mit dem Bild zusammen.

Dem Christentum wird ja deutlich genug nachgesagt, daß es eine ausgeprägte Wortreligion sei. „Im Anfang war das Wort" (Joh 1,1). Allerdings haben wir gerade im Johannesevangelium viele Metaphern, viele Bildreden, die zu einem Teil ja auch an die Bilder hier im Manichäismus erinnern.

Es gibt offenkundig auch Berührungen im weiteren Bereich zwischen Manichäismus und einem Christentum, das etwa im Neuen Testament schon durch das Johannesevangelium repräsentiert wird. Meine Frage ist also: Läßt sich etwas Derartiges typologisch für diese beiden Religionen im Vergleich zueinander festmachen?

Herr Klimkeit: Man wird natürlich im Christentum selbst unterscheiden müssen zwischen dem westlichen Christentum, das Interesse hatte, ein Credo zu formulieren, den Glauben durch das Wort zu explizieren, und dem syrischen Christentum, wo die Bildhaftigkeit eine große Rolle spielte.

Ich habe mich schon gefragt, wo die Wurzeln der manichäischen Bildhaftigkeit zu suchen sind. Die iranisch-zoroastrischen Texte sind wenig bildhaft. Sie sind relativ nüchtern. Auch wenn sie über die Endzeit sprechen, geschieht das zwar in großer Bildhaftigkeit, aber doch so, daß mit den Bildern tatsächliche Fakten der Endzeit gemeint sind. Solche eschatologischen Texte gibt es im Manichäismus auch. Wenn man von diesen absieht, so ist die manichäische Bildhaftigkeit dadurch gekennzeichnet, daß das Bild einen Inhalt suggeriert, der auch durch ein anderes Bild angedeutet werden könnte. Bestimmte Bilder sind eigentlich austauschbar, weil sie das gleiche meinen.

Aber diese Transponierbarkeit der Bilder verweist doch darauf, daß hier ein anderes Denken am Werke ist als bei den Griechen, wo die gemeinte Sache *eindeutig* auf den Begriff zu bringen ist. Die kaleidoskopisch wechselnden Bilder der Manichäer widersprechen diesem Prinzip. Sie erinnern eher an die syrischen *Oden Salomos* als an das dogmatische Denkbemühen des Westens.

Wenn man bedenkt, daß Mani neben sein *Lebendiges Evangelium*, das für ihn sicherlich das Zentrum seiner Botschaft war, einen Bildband stellte, so spielt das Bild als Veranschaulichung, zweifellos aber auch als Vermittlung eines religiösen Inhalts eine große Rolle. Manis Illustrierung seiner Lehre war so bedeutsam, daß der genannte Bildband seinerseits eine Kommentierung erfuhr. Reste dieses Kommentars (parthisch *Ārdahang Wifrās*) sind aus Zentralasien erhalten.

Das Bild ist also schon mehr als Illustration, es ist schon selbst ein Weg der Erkenntnisvermittlung, was freilich erst in Verbindung mit dem Wort seine volle Bedeutung erhält. Grundsätzlich haben wir es hier mit einem bildhaft-meditativen Denken zu tun, wie wir es auch in anderen orientalischen Kulturen finden.

Die Eigenart der manichäischen Bildhaftigkeit läßt sich an den Gleichnissen explizieren. Die manichäischen Gleichnisse unterscheiden sich etwa von den Gleichnissen Jesu in folgendem: Die Gleichnisse Jesu gehen von einem konkreten Faktum aus – etwa dem Sämann, der ausgeht, um zu säen –, und sie geben diesem Faktum eine Deutung, die danebentritt. Das Faktum wird nicht relativiert, es bleibt bestehen, es erhält nur eine Interpretation.

Bei den manichäischen Gleichnissen ist es so, daß im Grunde genommen die Erzählungen austauschbar werden. Es kommt nur noch auf die Deutung an. Die Faktizität der Ereignisse, von denen berichtet wird, ist nicht wirklich konstitutiv und grundlegend, sondern der Hinweis auf einen geistigen Sachverhalt, der damit gemeint ist.

Herr Honecker: Ich wollte Sie ebenfalls noch einmal nach den Bildmotiven fragen. Mir ist wie Herrn Kertelge aufgefallen, wie stark die Analogien für die Bibel, vor allem das Neue Testament zum Motiv des Weinstocks und der Weinreben sind, und ich wollte Sie deshalb fragen, was man denn hier noch an Traditionen, an Einflüssen, an Herkünften dieses Bildmotivs feststellen kann.

Das will ich noch an zwei weiteren Motiven verdeutlichen. Dies ist einmal der Lebensbaum, der als uraltes Motiv längst vor der Genesis in Ägypten benutzt wurde. Sie haben an einer Stelle ferner die drei Söhne Noahs erwähnt. Diese drei Söhne Noahs sind ja gleichzeitig die Stammväter der Menschheit überhaupt: Sem, Ham und Japhet.

Kann man also über das Lebensbaummotiv und über seine Herkunft noch etwas Genaueres sagen?

Herr Klimkeit: Da ist eigentlich Frau ARNOLD-DÖBEN berufen, auf diese Frage zu antworten. Sie hat jedenfalls in ihrer Studie zur manichäischen Bildersprache deutlich gemacht, wie außerordentlich komplex das Baummotiv ist. Es werden da Motive aus dem Alten Testament aufgenommen – der Baum der Erkenntnis, der Baum des Lebens, der Baum des Todes –, aber dann in gnostischer Weise abgewandelt und mit neutestamentlichen und anderen, sicherlich auch früheren Motiven verbunden.

Es gibt eine Arbeit von ALEXANDER BÖHLIG über *Die Bibel bei den Manichäern,* die zeigt, wie hier u. a. unterschiedliche biblische Baummotive aufgegriffen und zu einem neuen Ganzen verwoben werden.

Die Manichäer haben bekanntlich vor allem das Neue Testament rezipiert und gewisse Teile des Alten Testaments aufgegriffen, wobei sie dieses vornehmlich im Sinne der Gnosis interpretierten. Der in Gen 2,17 tabuierte Baum der Erkenntnis wird so zum Symbol für rechte Erkenntnis von Gut und Böse.

Von hier konnte eine Brücke geschlagen werden zum buddhistischen „Baum der Erleuchtung", was ja mit dem Begriff „Weisheitsbaum" (türk. *bilgä ïɣač*) geschieht.

Beim komplexen manichäischen Baumbegriff, der somit die verschiedensten Bezüge aufweist, ist jeweils von Fall zu Fall zu entscheiden, was nun konkret gemeint ist. Die in sich schon vielschichtige biblische Baumsymbolik bleibt eine wesentliche Quelle der manichäischen.

Vor allem, seit der *Kölner Mani-Kodex* bekanntgeworden ist, sehen wir, daß die biblisch-jüdische Tradition, in der Mani wurzelt, eine ganz wesentliche Grundlage seiner Lehre ist, auch wenn sich diese als gnostisch darstellt. Entsprechendes gilt für die Symbolik.

Herr Honecker: Ich habe noch eine weitere kleine Zusatzfrage. Das Motiv des Lebensbaumes ist ja oft zusammen mit dem Schlangenmotiv verwendet (vgl. Gen 3). Gibt es so etwas auch in Ihrem Material?

Herr Klimkeit: Darauf bin ich nicht gestoßen. In der apokryphen Literatur – und die Manichäer haben viel an apokrypher Literatur verwendet und auch nach Zentralasien vermittelt – spielt die Schlange eine Rolle. Für die spezifisch manichäischen Texte aber gilt das nicht.

Herr Merkelbach: Ich komme noch einmal auf den Bildband zu sprechen. Ich weiß nicht, was man sich darunter vorstellen soll. Ich hatte immer an etwas gedacht, was so groß ist wie die Tafel dort an der Wand, nur doppelt so hoch, und ich habe mir vorgestellt, daß Mani mit einem solchen Bild oder vielleicht mit drei oder fünf Bildern herumgewandert ist, gepredigt und gezeigt hat: Da ist der Baum usw.

Er war ein berühmter Maler. Er konnte einen Kreis frei aus der Hand so zeichnen, daß er vollkommen rund war.

Herr Klimkeit: Grundsätzlich ist im Hinblick auf die Malerei in diesem Bildband zu sagen, daß wir Reste des Kommentars dazu haben, der auf unterschiedliche Inhalte verweist. Ob sie alle auf eine Tafel gepaßt haben, weiß ich nicht. Es wurden da sicherlich auch eschatologische Motive dargestellt, ferner Bilder für die beiden Reiche usw. Ich könnte mir vorstellen, daß er doch ziemlich inhaltsreich gewesen ist, wenn er das ganze *Lebendige Evangelium* des Mani illustriert hat. Es kann natürlich sein, daß im Laufe der Zeit wesentliche Inhalte herausgehoben und dann auf einer Tafel (oder auf einigen Tafeln) zusammengefaßt wurden.

68 Diskussion

Jedenfalls sprechen selbst die chinesisch-manichäischen Texte (konkret das chinesische *Kompendium*) von einem Bildband, HENNING und HALOUN übersetzen „drawing", und das verweist eigentlich darauf, daß das Werk jeweils neu abgemalt wurde. Die große Rolle des Buchmalers, der bei Missionsreisen mitgeschickt wurde, ist aus der Geschichte der frühen Mission bekannt (vgl. den persischen Text M 2). Es gibt wohl kaum eine Religion, in der die Kunst (und damit das Bildhafte) von Anfang an eine so große Rolle spielte wie im Manichäismus. Sie ist nicht erst als spätere Illustrierung oder Veranschaulichung der Lehre zu sehen, sondern als Ausdrucksform, die von der Zeit des Gründers an fast gleichrangig neben dem Text steht.

Herr Sagaster: Herr Klimkeit, Sie haben gesagt, daß die Gestalt des Mani mit der Vorstellung des Arztes verbunden worden ist. Gibt es Hinweise darauf, daß der Baum, der berühmte Baum als Lebensbaum, auch verwendet wurde als Darstellung eines medizinischen Systems wie im Buddhismus, das zugleich aber auch interpretiert wird als ein Erlösungssystem, daß also die Spitze des Baumes gleichgesetzt wird mit der Erlösung?

Herr Klimkeit: In dem Sinne allgemein nicht. Aber wir haben einen türkischen Text, ein „geistliches Drogenbuch" (hrsg. von P. ZIEME), wo auf die Baumsymbolik zurückgegriffen und das ärztliche Motiv ins Spiel gebracht wird. Hier werden Samen, Blätter, Blüten usw. eines Baumes, die im Sinne von Tugenden interpretiert werden, als Heilmittel empfohlen. Da ist eine gewisse Annäherung an die von Ihnen genannte Vorstellung gegeben, aber nicht in dieser Allgemeinheit.

Herr Merkelbach: Es gibt ein Fragment von Mani, das lautet: Ich bin der Arzt aus Babylonien.

Herr Klimkeit: Mani als Arzt war ein Motiv, das seine Entsprechungen im Buddhismus und Christentum hatte, wo Christus bzw. Buddha als Ärzte apostrophiert wurden. Ob die Motive vom göttlichen Arzt sich an der Seidenstraße gegenseitig beeinflußt haben, ist eine Frage für sich. Jedenfalls werden in einem koptischen Text (*Psalmbuch*, S. 46) die verschiedenen Schriften Manis mit verschiedenen Heilmitteln verglichen. Wenn so etwas im indisch-buddhistischen Bereich fehlt, aber in der türkisch-buddhistischen *Maitrisimit* (Hami-Version) auftaucht (Einleitungskapitel, folio 7b), so kann man hier eine Beeinflussung vermuten.

Veröffentlichungen
der Nordrhein-Westfälischen Akademie der Wissenschaften

Neuerscheinungen 1983 bis 1995

Vorträge G
Heft Nr.

GEISTESWISSENSCHAFTEN

263	*Gerard Verbeke, Leuven*	Avicenna, Grundleger einer neuen Metaphysik
264	*Roger Goepper, Köln*	Das Kultbild im Ritus des esoterischen Buddhismus Japans
265	*Paul Mikat, Düsseldorf*	Zur Diskussion um die Lehre vom Vorrang der effektiven Staatsangehörigkeit
266	*Gerhard Kegel, Köln*	Haftung für Zufügung seelischer Schmerzen
		Jahresfeier am 11. Mai 1983
267	*Hans Rothe, Bonn*	Religion und Kultur in den Regionen des russischen Reiches im 18. Jahrhundert
268	*Paul Mikat, Düsseldorf*	Doppelbesetzung oder Ehrentitulatur – Zur Stellung des westgotisch-arianischen Episkopates nach der Konversion von 587/89
269	*Andreas Kraus, München*	Die *Acta Pacis Westphalicae*
270	*Gerhard Ebeling, Zürich*	Lehre und Leben in Luthers Theologie
271	*Theodor Schieder, Köln*	Über den Beinamen „der Große" – Reflexionen über historische Größe
272	*J. Nicolas Coldstream, London*	The Formation of the Greek Polis: Aristotle and Archaeology
273	*Walter Hinck, Köln*	Das Gedicht als Spiegel der Dichter. Zur Geschichte des deutschen poetologischen Gedichts
274	*Erich Meuthen, Köln*	Das Basler Konzil als Forschungsproblem der europäischen Geschichte
275	*Hansjakob Seiler, Köln*	Sprache und Gegenstand
276	*Gustav Adolf Lehmann, Köln*	Die mykenisch-frühgriechische Welt und der östliche Mittelmeerraum in der Zeit der „Seevölker"-Invasionen um 1200 v. Chr.
277	*Andreas Hillgruber, Köln*	Der Zusammenbruch im Osten 1944/45 als Problem der deutschen Nationalgeschichte und der europäischen Geschichte
278	*Niklas Luhmann, Bielefeld*	Kann die moderne Gesellschaft sich auf ökologische Gefährdungen einstellen?
		Jahresfeier am 15. Mai 1985
279	*Joseph Ratzinger, Rom*	Politik und Erlösung. Zum Verhältnis von Glaube, Rationalität und Irrationalem in der sogenannten Theologie der Befreiung
280	*Hermann Hambloch, Münster*	Der Mensch als Störfaktor im Geosystem
281	*Reinhold Merkelbach, Köln*	Mani und sein Religionssystem
282	*Walter Mettmann, Münster*	Die volkssprachliche apologetische Literatur auf der Iberischen Halbinsel im Mittelalter
283	*Hans-Joachim Klimkeit, Bonn*	Die Begegnung von Christentum, Gnosis und Buddhismus an der Seidenstraße
284	*2. Akademie-Forum*	Technik und Ethik
	Wolfgang Kluxen, Bonn	Ethik für die technische Welt: Probleme und Perspektiven
	Rudolf Schulten, Aachen/Jülich	Maßstäbe aus der Natur für technisches Handeln
285	*Hermann Lübbe, Zürich*	Die Wissenschaften und ihre kulturellen Folgen. Über die Zukunft des *common sense*
286	*Andreas Hillgruber, Köln*	Alliierte Pläne für eine „Neutralisierung" Deutschlands 1945–1955
287	*Otto Pöggeler, Bochum*	Preußische Kulturpolitik im Spiegel von Hegels Ästhetik
288	*Bernhard Großfeld, Münster*	Einige Grundfragen des Internationalen Unternehmensrechts
289	*Reinhold Merkelbach, Köln*	Nikaia in der römischen Kaiserzeit
290	*Werner Besch, Bonn*	Die Entstehung der deutschen Schriftsprache
291	*Heinz Gollwitzer, Münster*	Internationale des Schwertes. Transnationale Beziehungen im Zeitalter der „vaterländischen" Streitkräfte
292	*Bernhard Kötting, Münster*	Die Bewertung der Wiederverheiratung (der zweiten Ehe) in der Antike und in der Frühen Kirche
293	*5. Akademie-Forum*	Technik und Industrie in Kunst und Literatur
	Volker Neuhaus, Köln	Vorwurf Industrie
	Klaus Wolfgang Niemöller, Köln	Industrie, Technik und Elektronik in ihrer Bedeutung für die Musik des 20. Jahrhunderts
	Hans Schadewaldt, Düsseldorf	Technik und Heilkunst

294	Paul Mikat, Düsseldorf	Die Polygamiefrage in der frühen Neuzeit
295	Georg Kauffmann, Münster	Die Macht des Bildes – Über die Ursachen der Bilderflut in der modernen Welt
		Jahresfeier am 27. Mai 1987
296	Herbert Wiedemann, Köln	Organverantwortung und Gesellschafterklagen in der Aktiengesellschaft
297	Rainer Lengeler, Bonn	Shakespeares Sonette in deutscher Übersetzung: Stefan George und Paul Celan
298	Heinz Hürten, Eichstätt	Der Kapp-Putsch als Wende. Über Rahmenbedingungen der Weimarer Republik seit dem Frühjahr 1920
299	Dietrich Gerhardt, Hamburg	Die Zeit und das Wertproblem, dargestellt an den Übertragungen V. A. Žukovskijs
300	Bernhard Großfeld, Münster	Unsere Sprache: Die Sicht des Juristen
301	Otto Pöggeler, Bochum	Philosophie und Nationalsozialismus – am Beispiel Heideggers
		Jahresfeier am 31. Mai 1989
302	Friedrich Ohly, Münster	Metaphern für die Sündenstufen und die Gegenwirkungen der Gnade
303	Harald Weinrich, München	Kleine Literaturgeschichte der Heiterkeit
304	Albrecht Dihle, Heidelberg	Philosophie als Lebenskunst
305	Rüdiger Schott, Münster	Afrikanische Erzählungen als religionsethnologische Quellen, dargestellt am Beispiel von Erzählungen der Bulsa in Nordghana
306	Hans Rothe, Bonn	Anton Tschechov oder Die Entartung der Kunst
307	Arthur Th. Hatto, London	Eine allgemeine Theorie der Heldenepik
308	Rudolf Morsey, Speyer	Die Deutschlandpolitik Adenauers. Alte Thesen und neue Fakten
309	Joachim Bumke, Köln	Geschichte der mittelalterlichen Literatur als Aufgabe
310	Werner Sundermann, Berlin	Der Sermon von der der Seele. Ein Literaturwerk des östlichen Manichäismus
311	Bruno Schüller, Münster	Überlegungen zum ‚Gewissen‘
312	Karl Dietrich Bracher, Bonn	Betrachtungen zum Problem der Macht
313	Klaus Stern, Köln	Die Wiederherstellung der deutschen Einheit – Retrospektive und Perspektive
		Jahresfeier am 28. Mai 1991
314	Rainer Lengeler, Bonn	Shakespeares Much Ado About Nothing als Komödie
315	Jean-Marie Valentin, Paris	Französischer „Roman comique" und deutscher Schelmenroman
316	Nikolaus Himmelmann, Bonn	Archäologische Forschungen im Akademischen Kunstmuseum der Universität Bonn: Die griechisch-ägyptischen Beziehungen
317	Walther Heissig, Bonn	Oralität und Schriftlichkeit mongolischer Spielmanns-Dichtung
318	Anthony R. Birley, Düsseldorf	Locus virtutibus patefactus? Zum Beförderungssystem in der Hohen Kaiserzeit
319	Günther Jakobs, Bonn	Das Schuldprinzip
320	Gherardo Gnoli, Rom	Iran als religiöser Begriff im Mazdaismus
321	Claus Vogel, Bonn	Mīramīrāsutas Asālatiprakāśa – Ein synonymisches Wörterbuch des Sanskrit aus der Mitte des 17. Jahrhunderts
322	Klaus Hildebrand, Bonn	Die britische Europapolitik zwischen imperialem Mandat und innerer Reform 1856–1876
323	Paul Mikat, Düsseldorf	Die Inzestverbote des Dritten Konzils von Orléans (538). Ein Beitrag zur Geschichte des Fränkischen Eherechts
324	Hans Joachim Hirsch, Köln	Die Frage der Straffähigkeit von Personenverbänden
325	Bernhard Großfeld, Münster	Europäisches Wirtschaftsrecht und Europäische Integration
326	Nikolaus Himmelmann, Bonn	Antike zwischen Kommerz und Wissenschaft
		Jahresfeier am 8. Mai 1993
327	Slavomír Wollman, Prag	Die Literaturen in der österreichischen Monarchie im 19. Jahrhundert in ihrer Sonderentwicklung
328	Rainer Lengeler, Bonn	Literaturgeschichte in Nöten. Überlegungen zur Geschichte der englischen Literatur des 20. Jahrhunderts
329	Annemarie Schimmel, Bonn	Das Thema des Weges und der Reise im Islam
330	Martin Honecker, Bonn	Die Barmer Theologische Erklärung und ihre Wirkungsgeschichte
331	Siegmar von Schnurbein, Frankfurt/Main	Vom Einfluß Roms auf die Germanen
332	Otto Pöggeler, Bochum	Ein Ende der Geschichte? Von Hegel zu Fukuyama
333	Niklas Luhmann, Bielefeld	Die Realität der Massenmedien
334	Josef Isensee, Bonn	Das Volk als Grund der Verfassung
335	Paul Mikat, Düsseldorf	Die Judengesetzgebung der fränkisch-merowingischen Konzilien
336	Bernhard Großfeld, Münster	Bildhaftes Rechtsdenken. Recht als bejahte Ordnung
337	Herbert Schambeck, Linz	Das österreichische Regierungssystem. Ein Verfassungsvergleich

ABHANDLUNGEN

Band Nr.

72	*(Sammelband)*	Studien zur Ethnogenese
	Wilhelm E. Mühlmann	Ethnogonie und Ethnogonese
	Walter Heissig	Ethnische Gruppenbildung in Zentralasien im Licht mündlicher und schriftlicher Überlieferung
	Karl J. Narr	Kulturelle Vereinheitlichung und sprachliche Zersplitterung: Ein Beispiel aus dem Südwesten der Vereinigten Staaten
	Harald von Petrikovits	Fragen der Ethnogenese aus der Sicht der römischen Archäologie
	Jürgen Untermann	Ursprache und historische Realität. Der Beitrag der Indogermanistik zu Fragen der Ethnogenese
	Ernst Risch	Die Ausbildung des Griechischen im 2. Jahrtausend v. Chr.
	Werner Conze	Ethnogenese und Nationsbildung – Ostmitteleuropa als Beispiel
73	*Nikolaus Himmelmann, Bonn*	Ideale Nacktheit
74	*Alf Önnerfors, Köln*	Willem Jordaens, *Conflictus virtutum et viciorum*. Mit Einleitung und Kommentar
75	*Herbert Lepper, Aachen*	Die Einheit der Wissenschaften: Der gescheiterte Versuch der Gründung einer „Rheinisch-Westfälischen Akademie der Wissenschaften" in den Jahren 1907 bis 1910
76	*Werner H. Hauss, Münster*	Fourth Münster International Arteriosclerosis Symposium: Recent Advances
	Robert W. Wissler, Chicago	in Arteriosclerosis Research
	Jörg Grünwald, Münster	
77	*Elmar Edel, Bonn*	Die ägyptisch-hethitische Korrespondenz (2 Bände)
78	*(Sammelband)*	Studien zur Ethnogenese, Band 2
	Rüdiger Schott	Die Ethnogenese von Völkern in Afrika
	Siegfried Herrmann	Israels Frühgeschichte im Spannungsfeld neuer Hypothesen
	Jaroslav Šašel	Der Ostalpenbereich zwischen 550 und 650 n. Chr.
	András Róna-Tas	Ethnogenese und Staatsgründung. Die türkische Komponente bei der Ethnogenese des Ungartums
	Register zu den Bänden 1 (Abh 72) und 2 (Abh 78)	
79	*Hans-Joachim Klimkeit, Bonn*	Hymnen und Gebete der Religion des Lichts. Iranische und türkische Texte der Manichäer Zentralasiens
80	*Friedrich Scholz, Münster*	Die Literaturen des Baltikums. Ihre Entstehung und Entwicklung
81	*Walter Mettmann, Münster (Hrsg.)*	Alfonso de Valladolid, *Ofrenda de Zelos* und *Libro de la Ley*
82	*Werner H. Hauss, Münster*	Fifth Münster International Arteriosclerosis Symposium: Modern Aspects
	Robert W. Wissler, Chicago	of the Pathogenesis of Arteriosclerosis
	H.-J. Bauch, Münster	
83	*Karin Metzler, Frank Simon, Bochum*	Ariana et Athanasiana. Studien zur Überlieferung und zu philologischen Problemen der Werke des Athanasius von Alexandrien.
84	*Siegfried Reiter / Rudolf Kassel, Köln*	Friedrich August Wolf. Ein Leben in Briefen. Ergänzungsband, I: Die Texte; II: Die Erläuterungen
85	*Walther Heissig, Bonn*	Heldenmärchen versus Heldenepos? Strukturelle Fragen zur Entwicklung altaischer Heldenmärchen
86	*Hans Rothe, Bonn*	*Die Schlucht.* Ivan Gontscharov und der „Realismus" nach Turgenev und vor Dostojevski (1849–1869)
87	*Werner H. Hauss, Münster*	Sixth Münster International Arteriosclerosis Symposium: New Aspects of
	Robert W. Wissler; Chicago	Metabolismn and Behaviour of Mesenchymal Cells during the Pathogenesis
	H.-J. Bauch, Münster	of Arteriosclerosis
88	*Peter Zieme, Berlin*	Religion und Gesellschaft im Uigurischen Königreich von Qočo
89	*Karl H. Menges, Wien*	Drei Schamanengesänge der Ewenki-Tungusen Nord-Sibiriens
90	*Christel Butterweck, Halle*	Athanasius von Alexandrien: Bibliographie
91	*T. Čertorickaja, Moskau*	Vorläufiger Katalog Kirchenslavischer Homilien des beweglichen Jahreszyklus
92	*Walter Mettmann, Münster (Hrsg.)*	Alfonso de Valladolid, *Mostrador de Justicia*
93	*Werner H. Hauss, Münster*	Seventh Münster International Arteriosclerosis Symposium: New Pathogenic
	Robert W. Wissler, Chicago	Aspects of Arteriosclerosis Emphasizing Transplantation Atheroarteritis
	Hans-Joachim Bauch, Münster (Eds.)	
94	*Helga Giersiepen, Bonn*	Inschriften bis 1300. Probleme und Aufgaben ihrer Erforschung
	Raymund Kottje, Bonn (Hrsg.)	
95	*Walter Heissig, Bonn (Hrsg.)*	Formen und Funktion mündlicher Tradition

Sonderreihe PAPYROLOGICA COLONIENSIA

Vol. VI: *J. David Thomas, Durham*	The epistrategos in Ptolemaic and Roman Egypt Part 1: The Ptolemaic epistrategos Part 2: The Roman epistrategos
Vol. VII	Kölner Papyri (P. Köln)
Bärbel Kramer und Robert Hübner (Bearb.), Köln	Band 1
Bärbel Kramer und Dieter Hagedorn (Bearb.), Köln	Band 2
Bärbel Kramer, Michael Erler, Dieter Hagedorn *und Robert Hübner (Bearb.), Köln*	Band 3
Bärbel Kramer, Cornelia Römer *und Dieter Hagedorn (Bearb.), Köln*	Band 4
Michael Gronewald, Klaus Maresch *und Wolfgang Schäfer (Bearb.), Köln*	Band 5
Michael Gronewald, Bärbel Kramer, Klaus Maresch, *Maryline Parca und Cornelia Römer (Bearb.)*	Band 6
Michael Gronewald, Klaus Maresch (Bearb.), Köln	Band 7
Vol. VIII: *Sayed Omar (Bearb.), Kairo*	Das Archiv des Soterichos (P. Soterichos)
Vol. IX	Kölner ägyptische Papyri (P. Köln ägypt.)
Dieter Kurth, Heinz-Josef Thissen und *Manfred Weber (Bearb.), Köln*	Band 1
Vol. X: *Jeffrey S. Rusten, Cambridge, Mass.*	Dionysius Scytobrachion
Vol. XI: *Wolfram Weiser, Köln*	Katalog der Bithynischen Münzen der Sammlung des Instituts für Altertums- kunde der Universität zu Köln Band 1: Nikaia. Mit einer Untersuchung der Prägesysteme und Gegenstempel
Vol. XII: *Colette Sirat, Paris u. a.*	La *Ketouba* de Cologne. Un contrat de mariage juif à Antinoopolis
Vol. XIII: *Peter Frisch, Köln*	Zehn agonistische Papyri
Vol. XIV: *Ludwig Koenen, Ann Arbor* *Cornelia Römer (Bearb.), Köln*	Der Kölner Mani-Kodex. Über das Werden seines Leibes. Kritische Edition mit Übersetzung.
Vol. XV: *Jaakko Frösen, Helsinki/Athen* *Dieter Hagedorn, Heidelberg (Bearb.))*	Die verkohlten Papyri aus Bubastos (P. Bub.) Band 1
Vol. XVI: *Robert W. Daniel, Köln* *Franco Maltomini, Pisa (Bearb.)*	Supplementum Magicum Band 1 Band 2
Vol. XVII: *Reinhold Merkelbach,* *Maria Totti (Bearb.), Köln*	Abrasax. Ausgewählte Papyri religiösen und magischen Inhalts Band 1 und Band 2: Gebete Band 3: Zwei griechisch-ägyptische Weihezeremonien
Vol. XVIII: *Klaus Maresch, Köln* *Zola M. Packmann, Pietermaritzburg, Natal (eds.)*	Papyri from the Washington University Collection, St. Louis, Missouri
Vol. XIX: *Robert W. Daniel, Köln (ed.)*	Two Greek Papyri in the National Museum of Antiquities in Leiden
Vol. XX: *Erika Zwierlein-Diehl, Bonn (Bearb.)*	Magische Amulette und andere Gemmen des Instituts für Altertumskunde der Universität zu Köln
Vol. XXI: *Klaus Maresch, Köln*	Nomisma und Nomismatia. Beiträge zur Geldgeschichte Ägyptens im 6. Jahr- hundert n. Chr.
Vol. XXII: *Roy Kotansky, Santa Monica, Calif.*	Greek Magical Amulets. The Inscribed Gold, Silver, Copper, and Bronze Lamellae Part 1: Published Texts of Known Provenance
Vol. XXIII: *Wolfram Weiser, Köln*	Katalog ptolemäischer Bronzemünzen der Sammlung des Instituts für Alter- tumskunde der Universität zu Köln
Vol. XXIV: *Cornelia Eva Römer, Köln*	Manis frühe Missionsreisen nach der Kölner Manibiographie